① 《パナマ》車内販売員兼車掌の女性
② 《中国》北京南駅の電光掲示板
③ 《スリランカ》動物園名物の象の芸
④ 《ミャンマー》生きた鶏を運ぶ男性
⑤ 《アルメニア》カスケードの現代アート
⑥ 《スコットランド》グラスゴーのセントラル駅
⑦ 《韓国》奇抜なデザインの光州松汀駅
⑧ 《ボリビア》ゴンドラのチョリータ（民族衣装の女性）
⑨ 《北アイルランド》市内の壁画
⑩ 《ロシア》ソヴィエトの家
⑪ 《アゼルバイジャン》公衆浴場
⑫ 《ウェールズ》ウェールズ語と英語の看板

アメリカ・アンカレジでは壮絶な夕陽が湾の向こうに沈んで行った

ラパスで頂いたリャマ肉の煮込みは、臭みもなく料理された赤身でたいへんにおいしかった

パナマ旧市街地の海辺から新市街地の夜景を望む筆者

ボリビア・ラパス。正面の崖の上がエルアルトの町。前方の途中駅を過ぎると
ロープウェーは一気に高度を上げる

（左）ホームが15面も並ぶ中国・南京南駅。幾ら大陸でも過剰投資で維持経費は大きそうだ（右上）スリランカ・コロンボ。巨大な仏塔には右側の階段棟から登る（右下）エレヴァン街頭で見かけた、彫りの深い顔立ちの「アルメニア美人」

（右）混雑する韓国・釜山の地下鉄。韓流風のお兄さんが、疲れて目をつぶっていた（左上）台湾・高雄の地下鉄駅に掲示された"萌え系"美少女キャラのポスター（左下）スリランカ・コロンボの道沿いのあちこちにある仏像。光背が「LEDなのは東南アジア各国と共通

藻谷浩介

世界まちかど地政学

90カ国弾丸旅行記

毎日新聞出版

前書き

本書は、毎日新聞社のインターネットサイトである「経済プレミア」に、二〇一七年四月から週刊連載している旅行記「藻谷浩介の世界『来た・見た・考えた』」の、同年内掲載分を単行本化したものです。筆者がこれまでに自腹・単身・予習なしで旅行してきた、世界九十カ国での見聞と考察の中から、読者の皆様のご興味にかないそうなものを、アドホックに文章化しております。

収録された十四カ国を並べてみると、米国、英国、ロシア、中国といった大国もあるのですが、それぞれの中での行き先は、アンカレッジ、北アイルランド、カリーニングラード、それにいわゆる中国新幹線といった調子で、決して〝フツー〟ではありません。コーカサス三カ国（アゼルバイジャン、ジョージア、アルメニア）やボリヴィアといった、多くの人になじみのない国々も出てきます。スリランカ、ミャンマー、パナマなどは、名前は知っていてもなかなかイメージが湧かないことが多いでしょう。

連載の際には、「欧州→アジア→新大陸」というローテーションで、国内の報道やネット記事では実態が伝わりにくいところを選んで書いているのですが、単行本化に際してはエリアごとに六つの章にまとめて、それぞれに横串となるテーマを刺しました。さらに本全体の横串として「ソフトパワーの時代の地政学とは何か」ということを掲げています。本文を一通りお読みいただいたのちに、最後の「自著解説」をお読みくださいますと、筆者の本意がご理解いただけるものと思います。

ネットには毎回の字数制限もありますし、掲載される文章にはネット独特の細切れタイプの段落分けがなされて、見出しも増量されています。そこで単行本化に際し、ネットでは言葉足らずでわかりにくかったであろう部分に相当程度加筆し、段落分けや表現も自分の元の意図通りに戻しました。

反面、ネットに多数掲載している筆者撮影のカラー写真は、単行本化に際し多くをカットしかつ白黒化しております。またネットには、欧州のルクセンブルク大公国とアンドラ公国という風変わりな小国の訪問記もアップしていますが、今回は全体の分量の関係で単行本への収録を見送りました。続編の刊行にご期待いただきたいと思うのですが、これらの国々や収録できなかった写真にご興味の方がおられましたら、ぜひ「経済プレミア」の方もご覧ください。そちらには毎週、新たな訪問体験記事もアップされています。

その他、通常であれば前書きに書くべき事柄は、これに続くプロローグ（編集者による筆者へのインタビュー）に書かれております。対話形式なので、筆者が一人で書いたものよりもわかりやすいかと思います。それでは、筆者のぶっつけ本番体験のぶっちゃけ記述を、どうぞお楽しみください！

藻谷　浩介

プロローグ

――この本で初めて連載について知った方もいらっしゃると思います。藻谷さんがネット上に自ら書いている唯一の文章ですよね。

藻谷　そうなんです。私はＳＮＳをやらず、ブログも書いていません。いろいろな無料サイト運営者から連載やコメントを頼まれましたが、いずれもお断りしてきました。

それなのになぜこの話（毎日新聞のインターネットサイト「経済プレミア」の連載）をお受けしたかと言えば、一つには新聞社のサイトへの連載なので、ファクトチェックをきちんとやってもらえること。ＳＮＳの何が怖いといって、第三者の目を通さずに好き勝手を書いてしまえることなので、後で後悔するような嘘を書かないように、これまでは手を出してこなかったのです。ですがそれよりも大きな理由は、本文のインタビューの中でも語っていますが、過去の恩義をお返しすべきであるということでした。

とはいえ今では五十三歳になった私には、時間はもちろん、根気も体力もありません。少しは気楽に書けるもので、かつ、いま書いておくべきものということで、この機会に「海外見聞記」を書き残すことにしました。

人によっては、「藻谷が経済や人口を論じるのをやめて、旅行作家を始めた」と思ったかもしれません（笑）。それは誤解で、そもそも私は幼稚園の年長組以来の旅行先をみんな覚えているという究極の地理オタク、旅行マニアなのです。小学校時代に当時の世界の国名と首都名、それに日本の市の名前と人口を覚え、大学卒業時点では、海外二十五カ国と、国内市町村の四分の三に行っていました。その後現在までに、海外九十カ国と国内の全市町村に、最低でも一度は自費で足を運んだわけですが、そうした現場での見聞を活かして最初は市街地活性化について講演を始め、さらに市街地問題の背景にある人口問題の分析に深入りし、その延長で経済についても論じ始めたというのが順序です。

ということでこの連載は私にとって、新たな挑戦ではなくて「先祖返り」なのです。

――それにしてもすごい話ばかりでてくるというか、そもそもすごい所ばかり行っていますよね（笑）

藻谷　時間と体力の制約が多すぎて、本当の秘境だとか辺境だとかにはぜんぜん行けていないのです。ですがせめて、辺境の国の首都や主要都市くらいは、ということで動いています。大学時代の先輩には、世界のすべての国に行った松本さんという本当にすごい人もいまして、私は足元にも及びません。このあいだケニアに住んでいる人に「まだアフリカはありませんね」と言われてしまいましたが。アフリカはモロッコの端っこぐらいしかまだネタがないので、追々仕込みたいと思っています。

「首都を日帰りや一泊でチラ見したところで、その国の何がわかるものか」というご批判は当然ありえるわけですが、というかいつもそう自問自答していますが、それでも一度も行かないのとはまったく違います。「成田空港で国際線から国際線に乗り換えた際に、二時間だけ入国して成田山新勝寺に立ち寄った外国人が、それだけの経験から日本を語る」というような覚悟と気合で、足と頭をフル回転して、本を味読するように町を読み取っているのです。今回の機会に、感じたことを文章にしてみることで、当時、何を感じていたのかということが整理できるのはありがたいことです。

――本を読むだけではなくて、事後に感想文や書評を書く、というような感じでしょうか。

藻谷　子どものころは感想文を書くのが大嫌いだったのですが、今では何の因果か、毎日新聞本紙に書評を書いて、webサイトに旅行先の写真のレビューを書いているわけです（笑）。人に伝えるには、直感したことをロジカルに書き直さなくてはなりません。私は現地に行くまでは、一人当たりGDPといった基礎データすら予習しないのですが、現地で見て感じて「こうではないか」と仮説を持ってから、執筆の際にその国の経済指標だとか国情だとかについて書かれたものをいろいろ参考にして、それが実感に一致すればよし、しないとすればなぜなのかを考えながら、文章にするわけです。

――なるほど。でも「アンドラやカリーニングラードといった、日本におよそ縁のなさそうな場所

の地理や歴史に詳しくなって、一体何の役に立つのか」とかいう人もいそうですね。

藻谷　確かにそれ自体はトリビアなのですが、トリビアの裏にある構造まで読み取れば、日本人にとっても示唆と教訓の宝庫になります。「最近は構造主義は流行らない」という声を聞くことがありますが、表層から一歩掘り下げ、あるいは一歩引いて俯瞰して、きちんと類推することを通して、物事のメタな構造を理解するというのは、世界共通の知的作業の基本で、流行り廃りのあるべき話ではありませんよね。

同じような手法の大先輩（当方は足元にも及びませんが）は、大著『銃・病原菌・鉄』（二〇〇〇、草思社）でピュリツァー賞を取った、米国カリフォルニア大学のジャレド・ダイヤモンド教授です。この本と、続編の『文明崩壊』（二〇一二、草思社）は、人類世界の構造を考えるのに必読です。いちいち語りませんが、私の記述の多くの部分は、これらの本から学んだことを基盤にして成り立っています。

カリーニングラードは、本文に書いたように、ドイツにとっての北方領土とでもいうべき場所であり、しかもそのねじれ方のレベルが北方領土の比ではないというものです。この場所に興味のない人が、北方領土問題について議論するのは、最初から無意味とすら言えます。少なくともロシア側に、カリーニングラードを知らない外交担当者、軍事担当者は一人もいないのですから。知らないとすればその時点で、もう日本人は負けているのではないでしょうか。構造への無知はさほどに危険です。

アンドラの訪問記は未収録でしてネットの「経済プレミア」をお読みいただきたいのですが、アンドラはカリーニンラードのような生臭い場所ではありませんが、日欧共通で中世まで存在していた宗教領（日本では寺社領、欧州では教会領）が、それぞれ統一国家に統合されていった歴史に気づかせてくれます。

先日岡山の新見に講演に行きましたが、ここは中世までは京都の東寺の荘園、つまり寺社領でした。東寺に残る新見文書は、中世の社会構造を語る日本史の最重要資料であり、その中にある新見在住のたまがきという名前の女の人の書いた手紙は、中世に生きた無名の女性の肉声で唯一現在まで残っているものです。ですが戦国時代となり、新見荘の地侍たちは東寺に年貢を送るのをやめて、独立を図ります。すると今度はオオカミのごとく周辺の守護や地頭が入ってきて、三つ巴の戦いとなった末、江戸時代には新見藩として東寺と無関係な存在になり、廃藩置県で明治政府に直属するようになる。

これとアンドラを比べれば、教会領だったアンドラに近隣の領主が介入し領有権を主張するようになったのは、新見と同じような時期に似たようなことが起きたのです。ですがアンドラの住民は教会から独立しようとはしなかったので、教会と領主が共同統治者となった。この点は、江戸時代も興福寺領で残った大和国に似ていますね。ですがその領主の側の統治権が、国境を越えたフランス側に相続されてしまったことは、日本では起きえないことでした。そのためにフランス、スペイン、いずれの側の中央集権化（日本で言えば廃藩置県）をも免れて放置される。

ちなみに、廃藩置県で大和国は興福寺領ではなくなったのですが、江戸時代は薩摩藩に服属しつつ清にも朝貢していた琉球王国も、同じく明治期の「琉球処分」で日本領の沖縄県になってしまいました。元々統治の実態は日本側にあったので疑義は起きにくかったでしょうが、地政学的に重要な位置にあることがたたり、戦後は米軍との間でまた別の種類の両属が起きていますね。これに対して、まったく要衝ではないアンドラでは、スペインもフランスも敢えて「アンドラ処分」をすることはありませんでした。

――新見とアンドラは同じですか（笑）。縦横無尽にいろんな国や街が結びつくところがおもしろいですね。

藻谷　人間の脳みそは何万年も変わっていないので、その歴史には、洋の東西問わず繰り返し同じ構造が出て来るのです。ただいろんな偶然で、場所によって流れが変わり、違う現在が出来上がっている。その違いを現地で観察することで、日本というのはどういう社会なのかが客観的に浮かび上がってくるのが面白い。違いといえば、アンドラや新見以上に教会の精神的な影響力が強かったはずのラテンアメリカでは、アンドラや新見のような教会領はなぜ発生しなかったのでしょうか。

――なるほど、確かに何かしら原因がありそうですね。

藻谷　ラテンアメリカと旧世界の違いというのは、他にもいろいろ興味深いのです。たとえば戦争と軍備。十九世紀までは血なまぐさい国境の変更を繰り返してきたラテンアメリカですが、二十世紀に入ると国家間の戦争を止めてしまいます。第一次、第二次の大戦にも参加しませんでした。それでも多くの国で反政府ゲリラとの紛争が続き軍政が残るのですが、二十一世紀になるとそれらもほとんど消えて行きます。今フランスに行くと、テロ対策ということでしょう、街中に自動小銃を持った軍人がたくさんいてどこの軍事国家かと思いますが、かつて軍政で鳴らしたチリやアルゼンチンやパラグアイなどに行っても、もはや街中で軍人だの銃だのを見かけることはまったくありません。

ついにコスタリカやパナマのように、軍隊を廃止した国も登場しました。「コスタリカなんて侵略する価値もない何もない国」と揶揄した右翼の論者がいましたが、パナマについてはどうでしょう。パナマ運河もあれば国際金融センターもある地政学上の要地ですよ。

幸いラテンアメリカは、中国やロシアやのような二十世紀半ばまで領土拡大をやってきた国から遠く、宗教対立もない。アメリカに関しては、仮に戦争を仕掛けて来ても占領して居座ることはないという点について実績と信頼があります。メキシコのように麻薬組織相手に戦争状態の国はありますが、内紛のない小国ほど軍隊を廃止しやすいわけです。ちなみに欧州でも、ナチスすら併合しなかったアンドラやリヒテンシュタインに軍隊はありません。

——日本から出て現地に立って考えることで、いろいろ思いがけないことが見えるのですね。

偉そうなことを話してきましたが、ちょっと行くだけでは全然歯がたたなかった国もあります。バングラデシュのダッカなんか典型でした。とにかく道路が空前絶後に渋滞していて、まったく動きが取れずに帰りの時間になったのですが、今度は空港に戻るのに一苦労。ウズベキスタンも、鉄道の切符を買おうと駅に行ったら、「切符がなければ駅に入れない」となっていて、どうすりゃいいの？（笑）。この二国には作戦を練り直していずれ再挑戦しますが、その前に失敗談を連載記事に書きますね。

まだまだネタは無数にありますので、この本を読んでくださった後は、今後の連載記事にもどうかご期待ください。

（聞き手＝毎日新聞経済プレミア編集部　平野純一
毎日新聞出版図書第二編集部　名古屋剛）

世界まちかど地政学　もくじ

前書き　2
プロローグ　4

第1章　〝ドイツの北方領土〟カリーニングラードで考えた
ACT1. ロシアの飛び地までたどり着く　18
ACT2. 無人の公園となっていた旧ケーニヒスベルク中心部　24
ACT3. 随所に残る第二次大戦末期の激戦跡　30
ACT4. 〝ドイツの北方領土〟の今後は？　35

第2章　求心力と遠心力が織り成す英国、その多様性と業《カルマ》
ACT1. 雑踏のダブリンからひと気のないベルファストへ　44
ACT2. 残るテロの傷痕、ブレグジットに揺れる北アイルランド　49
ACT3. 確かにイングランドとは違う、でも英国から離れられないウェールズ　54

ACT4. 独立指向のスコットランド、しかし厳しい地べたの現実 60
ACT5. EUを取るかイングランドを取るか、スコットランドの現実的選択 66
ACT6. 大陸欧州との対峙でまとまる、自身が多様なモザイクのイングランド 73

第3章 旧ソ連・コーカサス三カ国 〝世界史の十字路〟の混沌と魅惑

ACT1. アゼルバイジャン カスピ海西岸の複雑国家 82
ACT2. ソ連崩壊で独立を達成したアゼルバイジャンの、地政学的事情 87
ACT3. 火と油の国アゼルバイジャンから、水と緑の国を想う 91
ACT4. 有史以来の白人国家としては最東端 侵略者より後まで生き残ったジョージア 96
ACT5. 貧しいジョージア、だが今こそ完全独立を謳歌 101
ACT6. 四十二度の硫黄泉に浸かって考えた、多民族国家ジョージアの平和戦略？ 106
ACT7. アルメニアの首都エレヴァン 深夜の空港で警官に囲まれる 111
ACT8. アルメニア 観光客もいないのに、ひたすら奇麗な街並みと住人 116
ACT9. アララト山のように孤高？ 孤立するアルメニア 122

藻谷さんに聞く「私の旅の極意」 128

第4章 スリランカとミャンマーを巻き込む、インド対中華の地政学

ACT1. 一度もインドに支配されなかった、もう一つのインド 148
ACT2. スリランカで出くわした、中国「一帯一路」の現場 153
ACT3. 急発展のミャンマー 昭和と中世と二十一世紀が共存 159
ACT4. インドと中国の狭間にある、ミャンマーのリスクとチャンス 165

第5章 台湾・韓国・中国の高速鉄道乗り比べ

ACT1. 機能的で気軽 日本の新幹線と同感覚の台湾高鐵《ガオティエ》 174
ACT2. “岐阜羽島状態”の駅の連続に、台湾高鐵の路線設計の問題を見る 180
ACT3. 欧州方式の採用で、在来線に融通無碍《むげ》に直通する韓国KTX 187
ACT4. ソウル一極集中を加速させる、韓国KTXの路線設計 193
ACT5. 個性は無用、高頻度・大量輸送に徹する中国高速鉄道 199

第6章　南北米州の隅っこから、二十一世紀の地球が見える

ACT1．典型的な米国の地方都市に戻った、かつての航空拠点・アンカレジ　208
ACT2．アンカレジ　大自然に何重にも包み込まれた、小さな小さな人工空間　216
ACT3．パナマの地形の妙　南アメリカに人類を呼び込み、その後裔のインカ帝国を滅ぼす　222
ACT4．パナマ運河　富を生み出すこの要衝を守る軍隊はない　229
ACT5．ひょんなことから訪れた天空都市　ボリヴィアの首都ラパス　237
ACT6．毎日が高地トレーニング〝登山首都〟ラパスに出来たロープウェイからの絶景　242
ACT7．ボリヴィアの擁する〝二十一世紀の戦略的地下資源〟は、恵みか災いか？　248
自著解説　二十一世紀の「ソフトパワーの地政学」とは　256

藻谷浩介さんの連載「藻谷浩介の世界『来た・見た・考えた』」は
毎日新聞インターネットサイト「経済プレミア」で読めます。
https://mainichi.jp/premier/business/

装幀：黒岩二三［fomalhaut］
地図作成：長尾美和
ＤＴＰ：明昌堂
校閲：小栗一夫

第1章

〝ドイツの北方領土〟カリーニングラードで考えた

旧ソ連が、第二次大戦時にドイツから「戦利品」として奪い取ったバルト海の港町・カリーニングラード。プロイセン王国建国の地・ケーニヒスベルクとしての栄光の歴史を秘めつつ、現在はロシア共和国の飛び地として、ＥＵの国々に囲まれて孤立している。ドイツ人を完全に追放し、ロシア人を移民させ、建物の一つ一つまで根こそぎ〝旧ソ連式〟に造り替えられてしまった町。日本の北方領土よりもはるかに捻じれに捻じれた経緯の上に今に至る、この場所から見える風景とは？

ＡＣＴ１．ロシアの飛び地までたどり着く

世界地図で欧州をみるとバルト海が目に入る。その東岸をみると、北のほうにロシアの旧首都で同国第二の都市であるサンクトペテルブルクがあり、次いでエストニア、ラトビア、リトアニアのいわゆるバルト三国が並ぶ。だが、その南にもうひとつ、ポーランドとリトアニアに挟まれて、まるでバルト三国の「四国目」のような場所がちょこんと存在することをご存じだろうか？

それが、ロシア領の飛び地・カリーニングラード州だ。岩手県と同じ程度の面積に一〇〇万人弱（同県の四分の三程度）が住んでいる。中心地のカリーニングラード市はバルト海に面した軍港であり、旧ソ連時代には外国人立ち入り禁止の「閉鎖都市」だった。だが現在は、ビザを取れば自由に訪問可能になっているらしい。

いったい現地はどういう状況なのだろうか。外国人旅行者も、本当に自由に動けるのか。肌感覚で知りたくて、二〇一六年八月末、東欧旅行にくっつけて日帰りで訪問した。

簡単にはたどり着けないカリーニングラード

カリーニングラードへアクセスするには、モスクワやサンクトペテルブルクからロシアの国内線を使うのが普通だろう。だが東欧旅行のついでに立ち寄った筆者は、ベラルーシの首都ミンスクから朝晩に一往復ずつあるベラヴィア航空便を使った。マイナーだがベラルーシを代表する航空会社、いわゆる「フラッグキャリアー」である。

ちなみにカリーニングラード行きの国際線は、このミンスク便の他には存在しない。空路以外では、リトアニアの首都・ヴィリニュス経由でミンスクまで行く国際列車が一日三本だけあるが、ロシアの鉄道は外国人が個人でネット予約できないので不便だ（日本も外国人から見れば似たような状況だが）。すぐ隣国のポーランドやラトヴィアはもちろん、ロ

カリーニングラード旧市街の東の入り口に再建された「王の門」

シアの他の主要都市には必ず飛んでいるロンドンやフランクフルトやパリからの便もない。せっかく「閉鎖都市」ではなくなったはずなのに、この足の便の悪さは、まるで鎖国状態のままだ。

旧ソ連の十五共和国は現在、いずれも独立しているが、旅行のしやすさはまちまちだ。上記バルト三国は、EU（欧州連合）加盟国かつシェンゲン協定（検査なしでヨーロッパ国家間の移動を許可する協定）加盟国なので、行くのにビザは要らないし、欧州の多くの国と国境管理なしに移動できる。同じくEU志向が強いウクライナ、ジョージア（旧称グルジア）、モルドバの三国も、ビザなしで簡単に入れる。

キルギスもビザは不要で、カザフスタンも（暫定措置といっているが）日本人などへのビザを免除している。この二国には日本人観光客を増やしたいという意図があるようだ。アゼルバイジャンとアルメニアは（後述のように、実際に行って見ると観光客を増やしたがっている感じでもないが）、着いた空港でお金を払えば（クレジットカードもOK）、簡単にビザが取れて入国可能である。

これに対し大使館でビザを取らねばならないのが、ご本尊のロシア、その衛星国ともいえるベラルーシ、そして中央アジアの残り三国（ウズベキスタン、タジキスタン、トルクメニスタン）である。その中でもロシア、ベラルーシ、トルクメニスタンについては、事前に旅程を固め、専門旅行会社経由で現地からの「招請状」を入手し、それからビザを申請せよという、旧ソ連時代と同じ仕組みが堅持されている。

しかしさすがに二十一世紀、ロシアとベラルーシは「トランジットビザ」という若干簡便な方法を用意するようになったので、筆者は今回これを利用した。国内の滞在日数が一泊以下の場合だけだが、旅行会社経由で「招請状」を取得する必要がなく、入国フライト、出国フライト、宿をネット予約して、その証拠をプリントアウトして大使館なり領事館に持参すると、自分でビザが申請できるのだ。朝晩一往復ずつのカリーニングラード—ミンスク便を使い、それぞれに最大でも一泊ずつ。こういう制約条件から考えて、「ウクライナのキエフを早朝に発ち、ミンスク乗り換えでカリーニングラード↓夜にミンスクに戻って泊↓翌日リトアニアのヴィリニュスへ」という旅程が自ずと定まった。

東京都品川区東五反田の高級住宅街にあるベラルーシ大使館はまるで民家で、対応は素っ気無く、いかにも誰も行かない国という感じだった。逆に港区麻布台のロシア大使館は千客万来で、番号札を取って待つ。対応はテキパキしており、料金も「数日で発給なら一万円、一週間なら四千円、二週間以上でもOKならタダ」と、市場経済化していた。

日本人のロシア旅行にビザが必要なのは、ロシア人の日本旅

旧ソ連時代のままのカリーニングラードホテル

行にビザが必要であることの裏返しでもある。いわゆる相互主義だ。南米でいえば、各国が観光客誘致などの実利をみて日本人のビザを免除している中、ブラジルだけは大国の矜持か相互主義を維持し、日本人にビザを求めている（ただし一度取れば三年間有効）。この点さばけているのが中国で、中国人の日本旅行にはビザが必要なのに、日本人の十五日以内の中国旅行にはビザも事前申請も要らない。ロシアやブラジルのようには大国ぶらず、商売繁盛のためには相互主義も放棄するという柔軟な姿勢に、逆に中国という国の恐ろしさを感じるのは筆者だけだろうか。

入管設備なき国内線仕様のカリーニングラード空港

さていよいよカリーニングラード訪問日の朝となった。ウクライナの首都キエフからの早朝便（これもベラヴィア航空）で一時間半。ミンスク空港に着き、すぐにカリーニングラード行きにトランジットする。国際線同士の乗り継ぎなのに、なぜかベラルーシ入国審査の列に並ばされ、そしてこの時点で、今晩カリーニングラードからミンスクに戻る際に使うはずのベラルーシのトランジットビザの上にも、今から行くロシアのトランジットビザの上にも両方、入国スタンプが押されてしまった。今の時点では両方とも不要ではないのか？　夜にベラルーシへの再入国を拒否されたら厄介なことになるし、そもそもなんでベラルーシの役人がロシアのビザの上にまでスタンプを押すのだろう。

疑問は解けぬまま、一時間の飛行でカリーニングラード空港へ。ちなみに代金は一万二〇〇〇円、復路のミンスク行きはさらにその半額（航空会社のサイトで直接購入）と格安だった。革張りシートが売り物のＣＲＪ（カナダ製小型ジェット）の機内はとても清潔だったことを付言する。

さて緊張して飛行機を降り、流れに乗って進んで行くと、あれあれ、到着ロビーの外までノーチェックで出てしまった。来てみて初めてわかったが、カリーニングラード空港はソ連時代の国内線専用空港の仕様のままであり、従って外国人対応の入管設備がないのだった。外国人が国際便を降りて入国審査をせずに入ってしまえる町が、まさかロシアに、それもこの間まで外国人立ち入り禁止だった町の中にあるとは、思ってもみなかった。こういうことであれば、ベラルーシ以外の欧州各国からの国際線が飛んでいないのも無理はない。

ここで読者の皆様に解説しておかねばならない。ベラルーシは旧ソ連の十五共和国で唯一、ロシアとの間で入国管理を廃止している。だからその両国に続けて行く外国人の入国審査は、先に入った方の国でまとめて行われるという仕組みに

ミンスク行きの列車の出る南駅前。鉄道は車社会化から取り残されていた

なっているのだろう。先ほどミンスク空港でベラルーシ入国手続きの行列に並ばされ、ロシアとベラルーシ両方のビザにスタンプが押されてしまったのは、つまり筆者が気づかないうちにベラルーシとロシアの両方への入国手続きをしていたというわけだ。まあしかし、こういうのは実際に行って見なければわからない。

二〇一三年に移転する前の石垣島空港のような、あか抜けずこぢんまりしたカリーニングラード空港のターミナル。誰かがこっちをみているでもなく、どこへなりとも勝手に行ける。さあ、どうしようか？

ＡＴＭにクレジットカードを入れてロシア・ルーブルを入手し、とりあえずタクシーに乗った。

ＡＣＴ２．無人の公園となっていた旧ケーニヒスベルク中心部

空港での入国審査もなく、あっけなく入れてしまった、旧ソ連時代の閉鎖都市・カリーニングラード。

もとは十三世紀からドイツ騎士団が東方殖民して開いた町である（源氏や平氏が、それにやや先んじる十二世紀ごろに関東平野を開拓したのと似ている）。その後はプロイセン王国の中心地となり、さらにはドイツ帝国の主要都市の一つとして発展、第一次大戦敗戦後もワイマール共和国の飛

び地として残った場所である。
そこが第二次大戦後に突然、ロシア人の町にされてしまった。日本でなぞらえれば、鎌倉が戦後突然ロシアの飛び地になってしまったようなものだ。市街地はいったいどんな状況になっているのか？

〝ケーニヒスベルクの墓銘碑〟のような「ソヴィエトの家」

欧米の街を日帰りで探検する場合の困難は、荷物預けだ。駅や空港にコインロッカーがあるのは、筆者の見聞の範囲ではデンマークやスウェーデンくらいで、有料の荷物預け所すら不備なことが多い。これまでもベオグラード空港やアトランタ空港、ヒューストン空港などで困ったことがあったが、カリーニングラード空港にも荷物預けはなかった。帰りの便は十時間先で、荷物だけチェックインすることもできない。ひとまず市内の駅まで出てみよう。

空港バスらしきものが見当たらないので、タクシーに乗って「駅まで」と言ったが通じない。ロシアでの英語の通じ方は日

ケーニヒスベルク大聖堂でパイプオルガン演奏を聴く

本程度だ。市内には北駅と南駅があり、北駅の近くにラディソンホテルがあるようなので、「ラディソンホテル」と何回か繰り返したら、ようやく走り出した。

十五分ほどで着いたが、宿泊者以外が荷物を預けられるような雰囲気ではない。北駅も通勤用の小さな無人駅で駅舎内には何もなかった。仕方なく、「勝利広場」という町の北の核となる広場のベンチに座り、しばし呆然とする。広場北面にはやけにピカピカしたロシア正教会が立ち（ドイツ時代にはなかったものだろう）、市電も行き交っているが、東京だと十月下旬というような天気で肌寒く、欧州では普通にあるオープンカフェもなく、奇麗に整備してあるのだがガランとしていて、だんだん気分が落ち込んできた。

結局、近くにあった観光案内所にキャスターバッグを預かってもらえた。元気を出し、市の中心にある中州・カント島を目指す。一生をこの地で過ごしついに他地方に出ることのなかった哲学者カントに由来する名前だ。

しかしながら第二次大戦で廃虚となったこの町の中心部に、ドイツ時代の建物は一つも残っていない。後に旧ソ連が建てたチグハグ感あふれる街並みは、欧州というよりは、まちづくりに原理原則のない日本や中国のような感じだ。「スターリン建築マニア」（旧ソ連時代のマッチョでバッドセンスな建築デザインの「ずれ方」「残念さ」をめでる人たち）というディープな同好の士がいるが、彼らにとっては涙が出るほど面白い世界である。対してプロイセン好きにとっては、涙さえ出ない状況だろう。

小一時間南東に歩いて中央広場を越えると、「スターリン建築」の中でも最も悪名の高い「ソヴィエトの家」が現れた（口絵）。町のシンボルだったケーニヒスベルク城（大戦末期に英軍の空襲で破壊）の跡地に建てられたものの、建物の完成を前にソ連が崩壊して放置されてしまった高層建築物である。〝鶴岡八幡宮の跡に旧ソ連風のへんてこりんなデザインの高層ビルが半分建って、それが建設途中で放置されている状態〟と想像されたい。

もちろん、日本の戦後にも「スターリン建築」と似たような話は無数にある。戦前は国宝だった福山城のまん前に、城が町から見えないように設けられた三階建て高架の福山駅だとか。旧長岡城の真上に建っている長岡駅だとか。松江市の景観を台無しにしている多くの中高層ビルだとか。沖縄本島沿岸で唯一最大のサンゴ礁の残されている辺野古湾に（しかも沖縄トラフに正対していて過去何度も大津波が来ていると思われる本島東海岸に）埋め立て滑走路を造ろうとしている話だとかである。ただ日本の事例は、日本人が自分で墓穴を掘っているところに

旧ソ連の戦勝を祝う「勝利広場」の閑散

まだ救いがある。

ドイツ人から見れば、スターリン時代のバッドセンスの再建が無残な結果を招いてしまっているこの現状は、笑い飛ばすにはあまりにも寂しいものだろう。ここは旧プロイセン王国建国の地であり、その最大のシンボルが、プロイセン王戴冠の儀式の行われたこの城だったのだから。その旧ソヴィエト政府であっても、自国のモスクワのクレムリン宮殿は壊すどころかそのまま利用していたのだし、サンクトペテルブルクのエルミタージュ宮殿も美術館として活用している。同じように戦争で完全に破壊されたワルシャワのように、ポーランド人の執念をもってこれまた完全に修復されたという例もあるのだが。

このような扱いの背景には、いずれベラルーシやウクライナの訪問記を書く際にも触れると思うが、独ソ戦で六〇〇万人ともいわれる旧ソ連国民が命を落としたという経緯があるだろう。その大半が、文字通りスラブ民族の殲滅を図ったヒットラーの犠牲者で、スターリンの犠牲者はそれに比べれば少ない（それでも数百万人ではあるが）。正確な数字にご興味の方は、大著『ブラッドランド（上・下）』（ティモシー・スナイダー著、筑摩書房刊）をお読みになるとよい。

広島の爆心地を思い出させるカント島

さて、ソヴィエトの家の南を西流するプレゴリヤ川に架かった大きな橋を渡り、その中間地点から歩道橋で中州のカント島に降りる。広島市の本川と元安川にかかる相生《あいおい》橋の途中から南に向かって、中州にある爆心地（今は平和記念公園）に渡るのとちょうど同じような構造だ（方角は九十度ずれるが）。広島でいうとまさに原爆ドームの位置にソヴィエトの家があるのも皮肉である。

七つの橋で周囲とつながっていたこの中州は、かつてのケーニヒスベルクの中心商業地区であり、数学者オイラーが解いたパズル「ケーニヒスベルクの橋」（七つの橋をすべて一度ずつ通り、かつ同じ道を通らないことが可能か、という一筆書き問題。オイラーの答えはいわゆる「一筆書きの定理」として知られている）の元ネタになった場所だ。その全体が今は、平和記念公園とまったく同様に、まるまる無人の公園になっている。木々が生い茂る中、向こうに見えるケーニヒスベルク大聖堂だけが、ソ連崩壊後にドイツの援助で再建された。その中にカントの墓所もあるのだが、彼の名著『永遠平和のために』が書かれた場所が、戦争で消滅してしまったとは、皮肉を超えた理不尽さを感じる。

広島の爆心地も心の重くなる場所だが、風光が柔らかで未来への祈りに満ちている分だけ救いがある。だがいま目にするカ

戦前の状態を示す写真が随所に立つカント島

ント島の現状は、過去の清算もないままに無念な状況が積み重なったままだ。随所に、戦前のその地点で撮った写真が大きなパネルで掲示されている。写真の中に保存されたかつての繁華な姿と、静かに木々の生い茂る現状との対比がまた、鬼気迫る雰囲気をかもし出していた。

大聖堂に入ると、観光客向けの数少ないアトラクションとして、パイプオルガンコンサートが行われていた。静かに座り、ぱらぱらといる聴衆と一緒に見事な演奏を聴く。音楽とともに、ここが紛れもなくドイツであった時代が、一瞬だけよみがえる感があった。

ACT3．随所に残る第二次大戦末期の激戦跡

旧ドイツ領ケーニヒスベルク、現在のロシア領カリーニングラードの市街地を筆者はさまよう。ドイツ時代の匂いは剥げ落ち、「スターリン建築マニア」だけが喜びそうな街並みが続く。観光客もまばらで、中国人もアラブ人も黒人も、米国人らしき感じの人も見かけない。かといって特にじろじろ見られるでもなく、行動の制約は一切ない。勝手気ままに動き回っているうちに、筆者の足は第二次大戦当時の戦跡に向かっていくのだった。

激戦の歴史を秘める旧ケーニヘスベルグ市の防衛線

ソ連崩壊後にドイツの援助で再建された大聖堂を出て、川沿いに欧州風の建物が新築された通称

「フィッシャーマンズ地区」の、小洒落たロシア料理のレストランに入る。サラダ、ボルシチ、豚肉ソテーのチーズ掛けにビールを付けて一〇〇〇円程度と割安である。旧ソ連圏全体がそうだが、盛り付けが奇麗であり、かつ化学調味料とは無縁な素朴な味わいをゆったり楽しむことができた。

ちなみに筆者は海外旅行中には和食店に行かないが、カリーニングラードでも二軒「ＳＵＳＨＩ」の看板を見かけた。こういった店にあえて行けば、昭和四十年代の日本に来たイタリア人がデパートの上層階の食堂で「ナポリタン」を食べた驚きを追体験できるのかもしれない。

さらに南下し、バスターミナルがあり長距離列車が発着する南駅を見てから、中央広場まで北に戻り、今度は東に歩いてみる。すると、やがて旧ケーニヒスベルクの東側の正面入り口だった「王の門」に着いた。

二〇〇五年に再建されたものだが、周辺の旧ソ連風の街路と建築物の中にあっては、妙に浮いている。京都の東西本願寺の門なども、現代風の建築に混じって建っており外国人にはこんな感じに見えるのだろうか。ちなみに再建された門は市街地の周囲に全部で六つある。そのうち一つしかご報告できないとい

最もよく旧時代の風情を残すドーナの塔

うのは、プロシア好きの読者には申し訳ないのだが、筆者の興味は史跡よりも今の営みにあるもので、どうかご容赦願いたい。

この王の門から「北↓北西↓西」と円周状に、旧ケーニヒスベルクを囲んでいた防衛施設が、いまは倉庫などに転用された姿でぽつぽつと残されている。特に延長一キロ程度残された防塁は、上が樹林の中の一本道になっていて、歩くととても気持ちが良い。右側には、防塁の外側を取り巻いていたのであろう環濠《かんごう》も一部残っている。

これは日本の城でいえば外堀とその内側の石垣に当たるわけだが、その多くを壊してしまった明治以降の日本と比較して考えてみても、「旧ソ連も意外に壊し方が徹底していなかったな」という感じだ。

これらの施設が実戦で使われたのは、第二次大戦末期、ソ連の侵攻によってベルリンが陥落する直前のことだった。カリーニングラード包囲戦では四万〜五万人のドイツ軍将兵と民間人が死亡し(同時期にあった硫黄島の戦いでの日本軍の死者二万人弱と比べてもすさまじい)、捕虜としてシベリアに連行された八万〜九万人もその多くが帰還できなかったと言われる。ドイツも建国の地を守ろうと必死で、旧ソ連側も六万人もの死傷者を出した。

陥落後にも十二万人のドイツ人民間人が残されたが、その多くが病気や飢餓、暴行によって死亡し、二年後まで生き残って東ドイツに追放されたのはわずか二万人だったという。数で言えば同時期にあった沖縄戦の民間人の死者十万人と同レベルの悲劇であり、戦争終了後であったことを考えれば論外の犠牲だ。事柄は、同じく終戦後の満州引き揚げで日本人に三万人の死者が出たといわれているのに類似するが、こちらは一つの市の中での出来事なのに犠牲者数が数倍である。ソ連側にすれば、二年四カ月続いたドイツ軍のレニングラード（現サンクトペテルブルク）包囲による六十七万人もの犠牲者に比べれば、こんなのは軽いものだと考えていたのかもしれない。

ちなみに、包囲戦とは別に、東プロイセンに住んでいたユダヤ人一万三〇〇〇人の多くもナチスにより虐殺されたようである。このようなスケールの血の応酬が、世界のどこでも二度と再現されないことを願うばかりだ。

琥珀博物館で考える

それにしても、双方にこれだけの血の流れた土地なのに、歩いていて一切、慰霊碑らしきものに出くわさない。日米双方の死者の名前全て（巻き込まれた朝鮮出身者なども含む）を刻んだ、沖縄の「平和の礎《いしじ》」のようなものが、この地に建つ日は、

市街地北東部に一部だけ残る土塁の上の散歩道

いつか来るのだろうか……。

悲惨な歴史にもかかわらず、心静まる雰囲気に満ちた林間の道は終わり、その先に、再建されたロスガータ門とドーナの塔が出てきた。塔は北側を美しい濠に囲まれ、内部は琥珀《こはく》博物館になっている。博物館に並ぶような最高級品の質はどうだろうか？　ということで入ってみたが、やはりどこか「細工が雑」という印象を否めなかった。

そもそも琥珀とは樹脂の化石だが、組成はプラスチックのようなものなので、石油文明成立以前の人間と以降に生まれた我々では、その質感に抱くときめきが違うのかもしれない。しかも当地では、大量に取れた琥珀のうち質の低い部分をいったん溶かして整形しなおすというようなこともやっているらしい。それではますますプラスチック感が強まってしまうだろう。

今後の市場として期待できそうなのは、伝統的に黄金色が大好きな中国人やインド人向けの輸出や観光客誘致だろうか。だが外国人向け観光では、お隣のリトアニアのヴィリニュスや、ラトヴィアのリガといった、美しい旧市街を再建したライバルの方が明らかに強い。

歴史的な資産の価値を否定し、重工業の「発展」ばかりを指向したのであろうスターリン時代の都市再建ポリシーが、今に祟《たた》っているわけだ。

日本の多くの都市も戦後に同じ失敗をしたが、「日本は世界で唯一成功した社会主義国だ」と以前よく言われていたのを思い出し、ロシアと日本のさまざまな共通項に改めて想いを巡らせる。

ACT4.〝ドイツの北方領土〟の今後は?

第二次大戦末期、旧ソ連とドイツの両軍・市民合わせ三十万人近い人命の犠牲の上に、ロシア領に組み込まれたカリーニングラード。戦争で壊滅し、旧ソ連風に再建された市街地を六時間半も歩き回った末、最初に荷物を預けた観光案内所の前まで戻って来た。

とはいえ当市は、中世はハンザ同盟の一員だった貿易港であり、世界の琥珀の九割を産出する地でもある。その位置からしても、欧州各地との交流が増える方が経済発展することは自明だ。だがそう簡単にはいかないだろう。観光案内所の女性スタッフ(おそらく大学生で、英語が堪能)といろいろ会話しながら、一日の終わりに思いを巡らした。

「欧州市民」になれないカリーニングラード住民

彼女のようなカリーニングラード市民は、戦後にロシアおよびソ連各地から移住した者とその子孫である。旧住民のドイツ人やリトアニア人は、一九四七年までに全員東ドイツやシベリアなどに追放され、カリーニングラードの居住者は、八十五%がロシア人、他にはウクライナ人やベラルーシ人という構成になってしまった。同じく旧ソ連が占領した、日本の北方領土や南サハリンと同じ状況なのだ。彼らはこの市の現状をどう思っているのだろうか。

隣国のリトアニア人やポーランド人であれば、シェンゲン協定（欧州国家間で国境検査なしで国境越えを許可する協定）のおかげでベルリンにもパリにもローマにも自由に行ける。ロシア人とて、そういう立場がうらやましくないはずはない。

だがロシアをもっと開放的な国にするとか、当地をEUとの交流の特区にするとかの方策を採れば、必ずドイツ人やリトアニア人やポーランド人が戻ってきて、民族的な軋轢《あつれき》が高まるだろう。少数派に転落でもすれば、侵略者の子孫として圧迫されかねない。

事実、ラトビアやエストニア、ウクライナのロシア人は、いろいろ厳しい目に遭っているのだ（リトアニアだけはロシア人にも市民権を与えている）。だから当地住民には、北方領土のロシア人が日本との関係強化に二の足を踏むのと同様、自らを閉じることによって自己防衛を果たしているという安堵《あんど》の気持ちがあるだろう。

片やドイツにしてみれば、大戦で一説には七〇〇万人近い死者を出した末に（ちなみに日本は三〇〇万人）、戦後の冷戦の中で東西に分割され、国境線の変更を呑むしかなかった。その際に喪失した領土から追放されたドイツ系住民は、一六五〇万人にものぼったという。十三世紀のドイツ騎士団の東方植民以来住み続けて来た彼らにとっては、ドイツ本国こそ外国のようなものだったはずなのだが、ことごとく故郷の喪失を余儀なくされた。史上最も強くドイツ民族主義を掲げた政権だったナチスは、ドイツ民族にとって史上最も巨大な喪失をもたらしたのである。

カリーニングラードを知らずして北方領土を語るなかれ

ともあれドイツは、カリーニングラードの返還をロシアに要求してはいない。対して北方領土（択捉島以南の四島）は、日本政府が正規にロシアに対して返還を求めている場所だ。従って当地を〝ドイツの北方領土〟と書いている筆者の表現は正しくない。カリーニングラードをなぞらえるなら「南サハリン」とか「四島以外の千島列島」と書くべきだ。しかしそれでは何のことかよく伝わらないのが、自国の戦後史があまり知られていない日本の現実でもある。

返還を要求しているわけではないものの、ドイツ人の心情から言えば、ACT2にも書いたとおり、今の「旧ソ連化」したカリーニングラード市の現状は受け入れられるものではないだろう。歴史の教科書にも、ドイツ史の主要な舞台として繰り返し登場してくる場所なのだ。大聖堂の再建はドイツ人が資金を出すことで実現できたが、ソヴィエトの家も何とかしたいだろうし、防壁も再建できるものならしたいはずだ。とはいえ当地は、不凍港として、ロシアの現バルティック艦隊の基地になっている。極東で言えばウラジオストックなの

資源安（当時）によるロシア本国の不景気の影響もあるのか、閑散とした高級ショッピングセンター

であり、北方領土とはまったく比較にならない重要拠点だ。ロシアにすれば、ドイツ色を戻して観光地にするべき場所という判断にはならない。

北方領土になぞらえるのを続ければアイヌ民族にあたるのが、当地ではリトアニア人だ。スラブでもゲルマンでもない、ギリシャ語の縁戚のバルト語族のリトアニア語を話す彼らは、この地の先住民だった。ドイツ騎士団の侵略で主権は失ったが、それでも第二次大戦までは多くのリトアニア人が住んでいたし、東隣のリトアニアとは同じ平野の続きだ。ドイツの敗戦の際になぜ何の罪もないリトアニア人までもが駆逐され、そこにロシア人が居座っているのか、当然納得していないだろう。

富裕層と思われる親子。後ろの建物は左に高級マンション、その向こうに旧ソ連式のアパート

ポーランドも利害関係国だ。プロイセン公国がまだ弱体だった当時、その宗主国としてこの地の間接的支配者である時期が長かった。ソ連崩壊後の一時期、当時のロシアのエリツィン大統領は、ヤルタ協定に則ってロシアがカリーニングラードをポーランドに返還し、ポーランドがシュレジエン（ポーランド南西部）をドイツに返還するという案を提示したことがあったという。この案はポ

ーランドの北大西洋条約機構（NATO）加盟とエリツィン氏の失脚でうやむやになってしまうのだが、北方領土も、何とかするのであればこの時期が最大のチャンスだっただろう。

読んできて、その捻じれ方の複雑さに頭痛がする読者もおられるかもしれない。このレベルの難しさを抱える土地は、世界から孤立した幸福な島国・日本の周囲には存在しない。カリーニングラードは、その込み入った歴史からも、戦略的位置からも、ロシアが抜本的に違う国にでもならない限り、現状のまま置いておく以外にどうしようもない場所なのである。

つくづく思うのだが、北方領土返還を望むすべての日本人は、少なくとも「カリーニングラードとは何か」くらいは勉強しておかなければならない。「東の果ての小さな島々を譲ることが、西の端の重要な軍港の帰趨《きすう》を巡る議論を惹起《じゃっき》しかねない」というロシアの立場を知らなければ、問題を進展させようはないはずだ。

ロシアにとって本当のところは、北方領土の重要性など、カリーニングラードはもちろん、天然ガスや石油の出るサハリンに比べても格段に低いだろう。スターリンは侵略できる場所な

カリーニングラードの庶民が集まる生鮮市場

らどこでも侵略したわけだが、今となっては正直、持っていることでかかっている経費の方が、有形無形の実入りよりもずっと大きいはずだ。だから本当は交渉の駒にできる場所のはずなのだが、日本との領土問題でうっかり譲歩することは、ドイツだけでなくポーランドやリトアニアまで絡んだカリーニングラードに飛び火しないとも限らない。江戸幕府に統治の実態のあった北方四島は、歴史的にどうみても日本の固有の領土なのだが、それを言うならカリーニングラードもドイツ、あるいはリトアニアやポーランドの固有の領土だったのである。少なくともロシアの領土であったことは第二次大戦以前には一度もなかった。

だからこそ、日本がいくら「固有の領土だけは返せ」と正論を掲げたとしても、ロシアが容易に応じるはずもないのである。変な話、リトアニアがソ連で東ドイツとポーランドがその衛星国だった冷戦時代の方が、ロシアの一存で何でも決められたのではないだろうか。

生鮮市場の隣にある同じく庶民向けの服飾市場

また仮に返還が行われても、今はスターリンやヒットラーの荒れ狂った時代ではなく、現に島に住んでいるロシア人を追い出すことはできない。従って北方領土の返還とは、日本国籍を持たず居住権だけを持つロシア系住民を、日本国内に新たに多数抱えることだ。当然にそういう事態を想定しつつ、どうしていくのか具体的なイメージを持って返還を求めていかねばならないのだが、その認識、その覚悟は国民一般にあるのだろうか。

筆者もその一人だが、日本のお受験エリートは、試験に出ない戦後史はまったく不勉強である。それでは今の世界は理解できず、従って日本のことも理解できない。まずは現地をみて考え、現場に身を置いて議論しないことには始まらない。そう改めて自覚した旅だった。

第2章

求心力と遠心力が織り成す英国、その多様性と業《カルマ》

英国の正式名称は、「グレートブリテン及び北アイルランド連合王国」（UK）だ。イングランドに、ウェールズ、スコットランド、北アイルランドなど、自治政府を持つ大小地域が合体している。この複雑な構造を生む遠心力と、にもかかわらず統一を保持できている求心力は、どこに由来するのか。

世界都市ロンドンから一歩出ると見えてくる、同じ島国でも日本とは完全に異質の、歴史と地理が絡んで織り成す多様性。EU脱退（ブレグジット）でさらに複雑さを増しそうな、英国の地べたの現実とは？

ACT1．雑踏のダブリンからひと気のないベルファストへ

二〇一六年五月。ロンドンで講演をした機会に、アイルランドと英国各地（北アイルランド、スコットランド、ウェールズ、そしてロンドン以外のイングランドの中から四都市）を巡った。

筆者はそれまで、ロンドンを三回訪問した以外に英国の他の部分に行ったことはなく、またアイルランド共和国（以下「アイルランド」）も欧州の独立国の中で唯一、未訪問で残っていたことから、この機会にと、四泊の中に詰め込めるだけ詰め込んだのである。ちなみにその時点では、その翌月に国民投票で「ブレグジット（英国のEU離脱）」が決まるとは予想もしていなかった。

ベルファストで感じた、アイルランドと北アイルランドの逆格差

肌寒い土曜日の夜二十時台。フィンランド・ヘルシンキ経由で着いたアイルランド共和国の首都ダブリンで筆者は、飲食街を埋め尽くす酔客の群れに圧倒された。しかし皆さん、ビールの系統かウイスキーか、あるいはワインを飲んでいるかで、港町だというのに食欲をそそるようなつまみを食べている人は見当たらない。

筆者はアルコールに弱いので後ろ髪を引かれる思いをすることもないまま、街の北東にあるコノリー駅に向かい、英国領である北アイルランドの中心地ベルファストに向かう国際特急「エンタープライズ号」に乗った。

〝国際〟といっても同じアイルランド島の北東部を走るだけであり、二時間少々の乗車の間に変わったのは、次第に客が減り、車内の空気がどんどんと物憂くなっていったことだけだった。車窓は暗かったが、明るくても国境をいつ越えたかはわからなかっただろう。

ダブリンからベルファストへは、ちょうど東京から福島県いわき市へ、という距離感の移動だ。アイルランドと北アイ

随所にある壁で分断されている、ベルファスト西郊の住宅地

ルランドの境界線も、関東と東北の境のような感じだ。丘陵地の中にぐねぐねと引かれていて、横断する道路も無数にある。

通貨はユーロからポンドに替わるが、出入国管理はない。以前は膨大な数のチェックポイントがあったらしいが、いまさらそれらを復活するのはお金の無駄だし、やれば通勤通学の経路が分断されてしまう例も多々出るだろう。

終点のベルファストは、造船や航空機産業の集まる工業都市だ。二十世紀初頭に客船・タイタニック号が建造された場所でもある。ベルファスト中央駅に降りると、下関や長崎や台湾の基隆《ジーロン》のような、港町の終点駅に共通の香りがした。

翌日曜日の午前中、重く雲が垂れこめ、時にぼそぼそと雨の降るベルファスト市街を歩き回る。欧州の町の日曜日は、店も開いていなければ活気もないのが通り相場だが、それにしても通行人が少ない。

日曜日なので、観光名物のセントジョージ市場が、由緒あるレンガ造りの建物の中で開催されるのだが、店のバリエーションも豊かで、品ぞろえのセンスも「さすが英国」という感じのものも多

土曜日の夕方、にぎわうダブリン（アイルランド共和国の首都）の飲食街

かったのだけれども、人出は今一つだった。

ベルファストはそもそも産業構造の変化に乗り遅れているのだろうが、それにしてもダブリンとの活気の差は歴然で、これでは英国の面目にもかかわるだろう。

いや実際には、英国には失うほどの面目はない。アイルランドの一人当たりGDP（国内総生産）はルクセンブルクに次ぐEU二位で、英国の一・五倍もあるのだから。二〇〇九年のユーロ・ショックで大打撃を受けたアイルランド経済は、ITや金融を中心に急速に持ち直した。

原動力は、低めのビジネスコストと少ない規制、英語の通じる環境という、EUの中での比較優位だ。EUへの加盟継続は、今や英国側より豊かになったアイルランドの生命線なのである。そんな最中でのブレグジット騒動をアイルランド国民は、英国から企業を移転させるチャンスだとほくそ笑んで見ているだろう。

多数決に従うなら実現しない、アイルランド再統一

ケルト人（アングロサクソン族などのいわゆる「ゲルマン民族」が渡来する前の欧州の先住者）の血を濃く残すアイルランドは、一六五二年、清教徒革命でイングランドの独裁者となったオリバー・クロムウェルに侵略され併合されてしまう。

その後の長き独立闘争を経て、第一次大戦後の一九二二年に自治権を回復したのだが、その際に

英国政府は、多年の移民により英国系住民の多い北部六州と、他の二十州を分けて、それぞれに自治政府を設立させるという手法を取った。

北部の六州は翌日に自治権の放棄と英国への再統合を宣言（現在の北アイルランド）。残りの二十州は一九三七年に独立を果たし（現在のアイルランド）、第二次大戦では中立を維持、一九四九年に英国女王を国家元首とする英連邦も脱退して共和国となったのである。

共和国側に「北アイルランドを英国から取り戻したい」という欲求があるのは当然だ。だが、北アイルランドの住民は過半数が英国残留に賛成のまま、今日に至っているのである。ベルファストでいえば十対九くらいの僅差だが、英国民であり続けたい人の方が多い。つまり民主主義的に物事を決めるのであれば、アイルランドの再統一はそうそう進展しない。

経済的な損得だけで言えば、北も英国などについていないで、アイルランドに戻った方が得策のようにも思う。だが人の心はそんなに簡単なものではない。ベルファストの住宅街に分け入ってい

日曜日の朝、霧雨に煙るベルファストの街

くと、「どうにもこうにも、そうはいかないのだろうな」という現実に出くわした。

ACT2．残るテロの傷痕、ブレグジットに揺れる北アイルランド

飲んだくれでにぎわうアイルランドの首都ダブリンから、人影の少ない北アイルランドの中心地・ベルファストへ。二時間少々の列車の旅は、ＥＵ（欧州連合）の中での比較優位を生かして成長するアイルランド共和国と、製造業中心の古い産業構造を残す英国領北アイルランドの格差を際立たせるものだった。

そこに降って湧いたブレグジット（英国のＥＵ離脱）で、状況がさらにややこしくなりそうな悪い予感が……。

二十一世紀に残る「壁」の語る深い傷痕

ベルファストの都心から西へ、丘の上の住宅地に分け入っていくと、壁画で有名な地区が現れた。このあたり、英国残留を望む住民の多く住む区画と、アイルランドへの統合を望む住民の多く住む区画が入り組んで隣接しており、随所にかつてのベルリンを思い出させるような壁が設けられていて、その壁面にいろいろ鮮やかな絵が描かれているのだ。

多くは最近までテロ活動を続けた非合法組織ＩＲＡ（アイルランド共和軍）の闘士を記念するもののようだが、中には、彼らのテロによって命を落とした数千人の市民の側を記念するものもあるのかもしれない。

英国のアイルランド支配は過酷なものだった。特に十九世紀半ばには、英国人大地主が輸出用農作物を搾取し続ける中で一〇〇万人の餓死者を出し（大飢饉《ききん》）、米国への移民が激増（ケネディ、レーガン両大統領はその子孫）、八〇〇万人いた島内の人口は半分近くまで減ってしまった。独立運動への血の弾圧で命を落とした者も数知れない。アイルランド側には、言葉に尽くせぬ恨みが沈殿しているだろう。

だが南側の独立後、北との再統一を暴力をもって実現しようとしたＩＲＡによって、北側にも家族・親族・友人を殺された犠牲者が大量に発生した。結局一九九八年に英国のブレア政権とＩＲＡの間で和平合意が成立、現在のように安全に歩ける状態が実現したが、それまでにお互いの恨みの応酬は、ほどけぬもつれを形成してしまった。

サッチャー政権下の一九八一年にハンガーストライキで獄中死した十人のＩＲＡ活動家を記念するポスター

そもそも両国の言葉は違わない。アイルランド側では、古代ケルト語の流れを汲むゲール語も公用語になっているが、実際には国民のほとんどが英語を話している。顔つきも大差ない。

イングランドもアーサー王時代はケルト系であり、その後ドイツ方面から来たアングロサクソン人、デンマーク本拠のデーン人、フランスを根拠地にしていたノルマン人に立て続けに征服され、しかも過去数百年間に多数のアイルランド人が移住してきて、混ざりに混ざった国なのである。ジョン・レノンのようなアイルランド系英国人の有名人も、枚挙にいとまがない。

しかも今の王家（ハノーバー朝／ウィンザー朝）はドイツ人の家系で、エリザベス女王の夫君・フィリップ殿下はギリシャの王族だ。「単一民族」伝説が広範に信じられている日本とは、同じ島国でも事情がずいぶん違う。

宗教はどうか。アイルランド国民はカトリック信徒、英国民は英国国教会の信徒だというが、宗教心の薄れた現代英国に、熱心な国教会信徒がそんなにいるのだろうか。英国人であり続けたい人の多くが英国国教会の信徒を名乗り、自分はアイルランド人だと考える人の多くがカトリック信徒としての自覚を強めている、というのが現実だろう。

ベルファスト西郊の住宅街を分断する「壁」

ブレグジットが危うくする英国領北アイルランドの自立性

結局のところ両者の違いは、先祖・家族・親族・友人が弾圧され殺された記憶を、各人がどう受け継いでいるかなのだ。自分たちはどちら側であり、敵はどちら側だったか。そういう個人的経験の積み重なりの末の多数決の結果として、時に濃く、多くの場合にはごく淡く、不確かな境界線が浮かび出てきているだけなのである。

荘子も言っているように、混沌《こんとん》は本来は混沌のままにしておく方がいいのだが、そこに降って湧いたのがブレグジットだ。英国がＥＵを離脱した後、ＥＵに残るアイルランドとの間の国境管理をどうするか？

大陸との間に海峡があることで国境管理の容易な英国は、大陸欧州諸国のほとんどが加盟するシェンゲン協定（国境管理なしの自由な移動を認めるＥＵ主要国間の協定）に頑として入ろうとしない。そこでこれまではアイルランドも、英国にお付き合いしてシェンゲン協定に入らず、その代わり両国間では自由に移動ができる状況を作ってきた。つまりアイルランド島内に引かれた国境は、これまでは住んでいてもあまり自覚せずに済むものだったわ

マンデラ氏の壁画。「この国ではまず刑務所に行ってから大統領になるのさ」

けだ。

しかしブレグジットにより、その国境がＥＵと非ＥＵの境界になってしまう。ここでまじめに国境管理を始めれば、物流・人流を阻害して、人口の少ない北アイルランド側の経済により悪影響を与えるだろう。ということで本当は、ブレグジット後もアイルランド島内での国境管理はせず、北アイルランドと英国本土を結ぶ船や飛行機の管理を強化するのが合理的だが、後者の場合には、北アイルランドの英国本土からの孤立とアイルランドとの一体化が、現在よりも際立つことになってしまう。

早い話が、英国の独自性を重視する国民が求めたブレグジットが、逆にその英国に属する北アイルランドの立場を危うくしているわけだ。米国第一主義のトランプ大統領が逆に国の威信をおとしめているのと同種の状況である。こういった状況は英米に限らない。国内限定の素朴な国威発揚感情が、実際に国威を発揚したためしはない。

かつて大英帝国の向こうを張り、大日本帝国を名乗った日本だが、戦争に負けてすべての植民地を失った後にむしろ驚異の

対立ではなく融和を訴える、当局作成の壁画

成長を遂げることができた。韓国や台湾や中国大陸は戦後にそれぞれ発展し、しかも日本は貿易や観光で彼らから大きな黒字を稼いでいる。

これに対し英国は、戦争に勝ち続けたがゆえにむしろ、アイルランドとの抜き差しならぬ関係の清算の機会を逸し、しかも経済的な地位を弱め続けて今日に至った。日本が単にラッキーなのか、英国の業が深すぎるのか。短い北アイルランド往復を終えても、頭の中はすっきりとしないままである。

ＡＣＴ３．確かにイングランドとは違う、でも英国から離れられないウェールズ

英国内の自治地域の一つウェールズは、ウェールズ語では「カムリ」と呼ばれる。四国より少し大きい広さに、四国の八割程度の三〇〇万人が住む小さなエリアだが、ラグビーのウェールズ代表は世界の強豪として知られるし、二〇一八年のサッカー・ワールドカップ予選にも、イングランドやスコットランド、北アイルランドと並んで、ウェールズ代表チームが参戦し、かなりいいところまで勝ち残った。

実際にはどんな感じの場所なのか。アイルランドのダブリンからロンドンに向かう機会に、その北端を通過してみた。

一時間半で通過してしまえる小さな自治地域

二〇一六年五月の日曜日。アイルランドのダブリン港から乗ったアイリッシュ・フェリー社の大型高速フェリーは、大勢の乗客でごったがえしていた。

英国まで二時間で六〇〇〇円弱。空は快晴、海は穏やかで、快適だ。英国・ウェールズ北部西端の港町ホーリーヘッドに着いてみると、国境管理のゲートは無人で、パスポートチェックはなかった。どのみちアイルランドと北アイルランドの間に国境管理はなく、北経由でイングランドに自由に渡れるのだから、ここだけ管理しても仕方ないわけだ。

それでも時折抜き打ち的に実施されるというのだが、この人数だと時間がかかるだろう。ブレグジット（英国のEU離脱）の後の運用はどうなるのだろうか。

船に接続している鉄道は、その日は線路補修で臨時休業となっており、切符を買った人はバンガーの町まで三十分少々、高速道路を臨時シャトルバスで移動する仕組みになっていた。

起点も終点も人口一万人少々の田舎町で、その間は草をは

アイルランド・ダブリンからウェールズ・ホーリーヘッドに渡る高速フェリーの船上

む羊や牛が点々とする丘陵地帯を走る。道路が立派なのは、EU構成国であるアイルランドの首都ダブリンと他のEU構成国の首都とをロンドン経由で結ぶ幹線路に当たり、建設にはEUの資金も投下されているかららしい。ブレグジットの際には、こうした資金の分担も見直され、いろいろと精算が必要になるのだろうか？

　氷河に削られた狭い海峡（川のように見える）を二回渡って、小さなバンガー駅に到着。そこから鉄道に乗り換えて一時間ほど、実乗車合計一時間半でウェールズを抜け、イングランド側の最初の町チェスターに出た。伊豆下田から熱海へという距離感の移動だった。

　仮にバンガーからウェールズの南東端にある首都カーディフに向かうと、三倍以上も遠い。そもそも北部から南部へは直通の列車がなく、車でもイングランドの高速道路経由の方が早い。

　だが、ウェールズという自治地域を抜けたという実感は確かにあった。まずは駅などの看板の表記。英語にウェールズ語が併記されていたが、ケルト語に由来するウェールズ語は英語とまったく

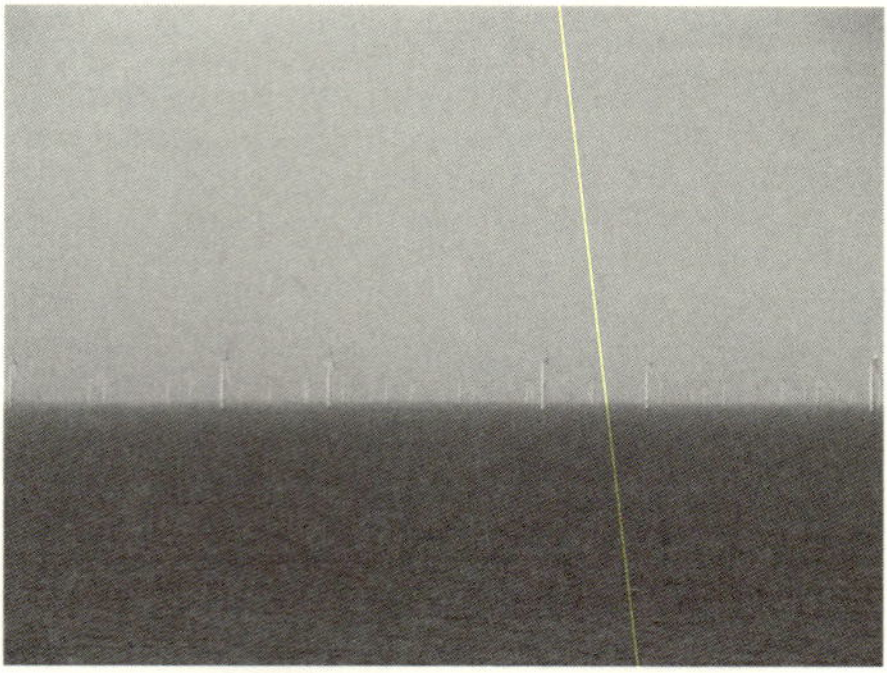

ウェールズ北部の海岸から沖合十八キロに設けられた洋上風力発電

違う。

アイルランドでも主要な看板にはゲール語が併記されていたが、実際の話者は少ない。それに対して今抜けて来たウェールズ北部では、住民の過半数が実際にウェールズ語を話しているという。この併記は、チェスター駅に着いたとたんになくなった。

景観にも特色があった。最高地点でも一〇〇〇メートル少々とはいえ険しい山地がそびえ、低い丘が延々と続くイングランドとは好対照となっている。鉄道は主に海岸沿いを走ったのだが、遠浅の海のかなたには無数の発電用風車が林立していた。

日本でSFの中の出来事のように語られる「洋上風力発電」が、大規模に実現しているわけだが、帰国後に調べてみると総額二二〇〇億円の投資で、原発一基の半分に相当する五十七万キロワットの発電容量だという。ざっくり考えて原発より相当に安価だが、全額ドイツ資本の投資ということなので、これまたブレグジット後にはどういう運用になるのだろうか。

英国の中で多年独自性を認められ、かつプライドを満たされた地域

首都ロンドンから鉄道で二、三時間しか離れていないウェールズ。十三世紀にイングランドに併合された後、今日までどのようにして固有言語などの独自性を保ち続けられたのか。十二世紀に奥州藤原氏が滅ぼされたことで完全に日本に組み込まれてしまった東北地方と比べても、不思議な印

象が募る。

そしてもっと不思議なのが、それだけ独自性があるのに、なぜ英国からの独立運動が起きていないのかということだ。同じくケルト人の血を濃く残す地域でもアイルランドとは、イングランドへの向き合い方が大きく違うようだが、なぜだろうか。

ウェールズ人が独自文化を保持できた条件の一つに、標高一〇〇〇メートル程度とはいえ山容の険しい峰々が、イングランドとの間を隔てていたことがある。このため、十一世紀まで続々とイングランドに来襲した、アングロサクソン人、デーン人、ノルマン人は、いずれもここまでは到達しなかった。また、イングランドへの併合時に当地に配慮して始められた、英王室の皇太子は「プリンス・オブ・ウェールズ」を名乗るという伝統が、当地のステータスを守ったともいわれる。

だが最大のポイントは十五世紀末の薔薇《ばら》戦争ではなかっただろうか。この内戦の最終的な勝利者となり、イングランド王ヘンリー七世となってチューダー朝を開いたリッチモンド伯は、かつてイングランドに負けた側の旧ウェールズ公の血を引いていた。彼の母親はイングランド王族だったのだが、一族の内紛により幽閉されていた時に、身の回りの世話をしていた執事と恋に落ち、妊娠したのである。少女漫画の定番・執事モノが実話になったような道ならぬ恋だったが、その執事が偶然にも、最後のウェールズ公の孫だった。そのためリッチモンド伯には、ウェールズ伝統の長弓(ロングボウ)隊が助力し、それが勝利の原動力となったと伝わる。その子が有名なヘンリー八世

(英国国教会の創始者)であり、この血統は現在の英国王家にもつながっている。

　後の話になるが、石炭を多く産出する当地は、産業革命時にもその原動力の一つとなった。このように、「ウェールズはイングランドと並んで、英国の形成に大きな役割を果たしてきた」という歴史的事実が、当地の独自性を尊重する力として働いてきたように思われる。そのため北アイルランドのように血塗られた歴史もないし、ウェールズ人もプライドが満たされやすいので、イングランドへの反発も少ないのだろう。他方でこの小ささでは独立してやっていくだけの経済力もない。

　ということで、ブレグジット決定後にも、「英国から独立してEU(欧州連合)に残留すべきだ」という声が上がっているという話は、ウェールズに関してはあまり聞かれない。しかしそれは、独自の判断と言いながらイングランドと心中するということでもある。

　先に見た北アイルランドは、「英国人であり続けたい人が多数を占める地域」を人工的に切り出して設けられた結果として、同じ島内のアイルランドとの間にいろいろ齟齬《そご》が生じることを

ウェールズの特徴である険しい山地

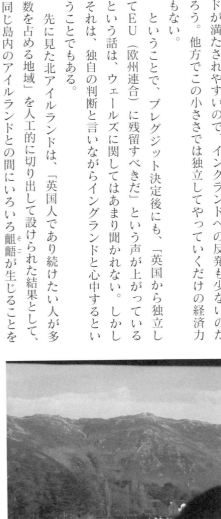

承知でブレグジットに付き合わざるをえないわけだが、ウェールズはウェールズで、独自の文化とプライドは保持しつつも、政治経済面ではイングランドのわがままにお供せざるを得ないというわけだ。

それではスコットランドはどうなのか。これまた現地に身を置くことで、思わぬ現実が見えることに期待しよう。

ACT4. 独立指向のスコットランド、しかし厳しい地べたの現実

北アイルランドやウェールズが、ブレグジットにお付き合いしそうなのに比べ、EU指向の強いスコットランドではこれを機会に独立論が再燃していると聞く。この違いの由来はどこにあり、実現可能性はどの程度なのか。

旧スコットランド王家の本拠地だったエディンバラ城に立つことで見えてきた、理想と現実の相克。

牧草地とお花畑の先にある美しい古都

スコットランドの首都エディンバラは日本人にも人気の美しい町だが、ロンドンから行く場合、

多くの人が飛行機を使うようだ。だが鉄道も悪くない。距離は約六三〇キロ、乗車時間は四時間半弱だ（距離は東京—八戸間、所要時間は東京—新函館北斗間と同程度）。しかもエディンバラ駅（ウエイバリー駅）は、旧市街と新市街を隔てる谷の底という、どちらにも徒歩直結の便利な場所にある。

英国では一九九四年の国鉄分割民営化の際、「上下分離」方式が取られた。路盤と軌道は全国一括で国有の公益法人が所有・管理・保全し、車両の保有と運行は数多くの民間企業が競争して行っている。

税金で整備・管理される道路の上を走るバスや自家用車との、競争条件同一化（イコールフッティング）が図られているわけだ。おかげでＪＲ北海道の路線廃止問題のようなことは起きないし、車内は清潔でインテリアは近代的、ＰＣ電源も完備だ。

ロンドンで講演を終えた翌日。筆者は、キングスクロス駅からエディンバラへ向かった。沿線の風景は、羊が散らばる牧草地と、黄色も鮮やかな菜の花畑と、もう少し濃い山吹色

エディンバラの新市街（後ろ左）と旧市街（正面右）を隔てる、美しい公園

の花の咲く雑草の茂みの繰り返しである。

日本人からすれば夢のように奇麗な光景だと思うのだが、車内の英国人にとってはあまりに「当たり前」の飽き飽きした光景なのだろう、誰一人車窓を見ていないのが印象的だった。日本人が、田んぼと杉林が入れ代わり立ち代わり続く景色に特段反応しないのと同じだ。車掌に、「あの山吹色の茂みは、ヒースか？」と聞いてみたが、十秒ほど沈黙した後に口にした言葉が、「……ごめん、わからない」。毎日乗っているだろうに、これほどの景色にまるで関心がないとは。

だが確かに、英国の自然は地形も植生もあまりに単調で、自生している植物の種類も、日本に比べざっくり十分の一という感じだ。その単調さを愛でているうちに、列車はエディンバラ駅に滑り込んだ。十三時二十二分、定時である。

荷物を預けて、まずは駅の北側にある新市街を歩く。谷底にあるホームからエレベーターで上る仕掛けだ。新市街といっても十八世紀後半からの歴史があり、一九五六年に廃止された市電を復活させる形で、二〇一四年からＬＲＴ（次世代路面電車）が走っている。旭川程度の大きさの市街だ

牧草地には多くの羊たち。茂みはヒースか？

が、陽光がさんさんと降り注ぐ芝生で日光浴をする地元の人が目についた。

今度は旧市街に向かうべく、駅の西続きの谷底に降りる。大きな公園になっていて、チューリップが咲き乱れていた。鉄道を渡り、旧市街の西端の丘の上にあるエディンバラ城に向け、絶壁に付けられた階段の道をよじ登る。

起伏の少ないイングランドには見られない天然の要害であり、ここを根拠地とした中世のスコットランド王家が、度重なるイングランドの侵攻に屈しなかったのもうなずける。だがその独立は、思わぬプロセスを経て、平和裏に失われた。

スコットランド王がイングランド王を兼ねたことで統合された過去

スコットランドの先住民はアイルランドから逆上陸したケルト人だったらしい。だが現在話されている「スコットランド語」は、たいへん聞き取りにくいが英語の方言であり、アイルランド語やウェールズ語のようなケルト系言語ではない。

ウェールズ公やアイルランド王が、イングランドにとって打倒の対象であったのに対し、スコットランド王家は、イングランド王家と政略結婚を重ねて縁戚関係にあった。そのため一六〇三年、イングランドを強国に育てながらも子供のなかったエリザベス一世の死去に伴い、彼女の遺言によって、スコットランド王ジェームズ六世がその後を継いだ（イングランド王としてはジェームズ一世)。イングランドがスコットランドを併合したのではなく、スコットランド王がイングランド王を兼ねることで、統一への道筋が引かれてしまったのだ。これは、清が明を滅ぼした結果として、清の発祥の地である満州が中国の一部になったのと、やや似ている。しかし英国の場合は、それもこれも「イングランドと結婚した」と言われたエリザベス女王の、深謀遠慮の結果だったのだろう。

その後一世紀にわたり、同君連合という形でイングランドとスコットランドそれぞれの議会と政府が存続したが(清教徒革命後のクロムウェル独裁時代を除く)、一七〇七年にスコットランド側を解体する形で政府の統一が行われる。肝心の王家がロンドン在住になじんでしまって、パワーバランスが崩れたのだ。

エディンバラ新市街に再導入されたＬＲＴ

しかしそれ以降もスコットランドでは、判例重視の英米法ではなく、成文法を中心とした大陸法が用いられている。宗教もおなじプロテスタントではあるが、イギリス国教会ではなくカルヴァン派の流れをくむ長老派プロテスタントが多数派であり続けた。政治的には労働党の金城湯《きんじょうとう》池《ち》で、保守党議員はあまり出てこなかった。

そして統一から三世紀近くを経た一九九七年。労働党のトニー・ブレア首相（スコットランド人）の下、住民投票が実施されて、スコットランド議会と自治政府が復活する（北アイルランドとウェールズの自治政府も同時期に成立）。二〇一四年にはスコットランドの独立を問う住民投票が実施されたが、五十五対四十五で英国残留が支持された。

それで話は落ち着くかと思ったが、二〇一六年六月のブレグジットの是非を問う国民投票では、スコットランド人の六十二％がEU残留を支持した。そのため自治政府のスタージョン首相は、独立を問う住民投票の再度の実施を英国政府のメイ首相（いずれも女性）に求め、それ以来さや当てが続いている。スコットランドはイングランドと「離婚」することになるのか。

エディンバラ城の城壁まで登って、旧市街のかなた東方にある丘を眺めたときに、はたと気付いた。「離婚したいのだろうな。でも厳しいだろうな」と。草地と岩とが連なり、木一本生えていないその姿は、日本でいえば宗谷岬周辺と同種

エディンバラ城の城壁から望む旧市街。彼方の岩山の植生の貧しさにお気づきだろうか？

の風景だった。当地の気候的な条件不利、地味の貧しさと人口支持力の低さが、風景から歴然と見て取れたのである。

この北欧そっくりの自然条件が、自由競争を好むイングランドとは異なった社会民主主義的気風を生み、他方で人口と生産力で圧倒するイングランドへの経済的依存を必然にしてきたのだろう。スコットランド側に北海油田が発見されたことで条件は変わったが、その枯渇した先の展望は立つのか。政治の中心地エディンバラに対しスコットランドの経済中心地である、グラスゴーの実力次第かもしれない。探索を続ける。

ACT5. EUを取るかイングランドを取るか、スコットランドの現実的選択

エディンバラ城の城壁から見える、草地と岩とが連なり木一本生えていない丘の様子に、スコットランドの気候的な条件不利、地味の貧しさと人口支持力の低さを悟った筆者。面積ではイングランドの五分の三ほどあるが、人口は十分の一に満たない五〇〇万人少々だ。

地理条件でスコットランドに似たノルウェーは、前世紀にスウェーデンから独立し、高所得の小国として自立しているが、イングランドはスウェーデンとは段違いに大きい。この隣人と分かれて独立するのは得策なのか？

エディンバラ城内の展示に見る、独自の歴史へのこだわり

エディンバラ城内に入ってみる。中世そのままの建物が残っていて素晴らしいのだが、城の縄張り（規模や構え）そのものは、日本の安土桃山から江戸初期の城郭に比べれば小さい部類だ。松江城や高知城の、今に遺されている部分くらいの規模である。一国の王家があった場所にしては寂しいが、産業革命前の当地の生産力では、これが限界だったのだろう。

城内には王家の宝物だとか、牢獄《ろうごく》だとか、いろいろ面白い展示があったが、イングランドと戦って独立を維持していた時代を懐かしむ気分が、説明の随所に横溢《おういつ》している。イングランド人やウェールズ人には、少々鼻につくかもしれない。

一七〇七年のイングランドとの王家の統合後、当地は、経済学の創始者アダム・スミスから、産業革命の立役者ジェームズ・ワットや電話を発明したグラハム・ベル、米国で鉄鋼王となったカーネギー、作家ではコナン・ドイル（「シャーロック・ホームズ」ものなど）や、スティーブンソン（「ジキル博士とハイド氏」など）、政治家ではトニー・ブレア元

正面から見たエディンバラ城。古をよく伝えるが構えは大きくない

首相と、そうそうたる人材を輩出してきた。アイルランド人が受けたような支配と差別に、スコットランド人が苦しんだわけではなさそうである。

それでもスコットランド人には、「EUを離脱してまで、イングランドに付き合うのはどうか？」という気分が強いようだ。ブレグジットの国民投票では、地域内の全選挙区で反対が賛成を上回った。彼らは独立にも賛成なのか？

北アイルランドでも、総数では五十五％がEU離脱反対だったが、彼らに「それでは英国を離脱して、EU加盟のアイルランドに統合されますか」と問えば、多くが素直に「うん」とは言わないだろう。アイルランドに統合されたのでは、北アイルランドの英国系住民の立場は弱くなる。アイルランドと通行自由の関係を続けたかったのでEU残留を求めたが、それがかなわなかったからといって、英国離脱に走るとは限らない。

それに対してスコットランドは、独立しても今の自治が進展するだけの話だ。EUに残留するのであれば、離脱するイングランドとの間で国境管理をせねばならないが、山や川が境界となっている部分が多いので、北アイルランドとアイルランドの国境管理よりは簡単だろう。だが独立したスコットランドは、経済的には成り立つのだろうか？

経済首都・グラスゴーの金勘定は、どちらに転ぶか？

エディンバラ駅から十五分おきに出る特急で五十分少々。スコットランド最大の都市で経済中心地の、グラスゴーに移動した。両市の人口規模や、八十キロ弱という距離を日本にあてはめると、ちょうど静岡と浜松の関係にあたる。ただしグラスゴーの市街地のにぎわいは静岡以上であり、これを静岡よりもずっと市街地が閑散としている浜松にたとえるのは失礼だ。

だが浜松といえば、世界企業のスズキやヤマハが本社を置く、日本の地方有数の産業都市である。グラスゴーも産業革命を支える工業都市として発展した歴史を持つ。しかもその後、金融や情報産業を集積させて構造転換を果たし、さらに最近は芸術文化の町としてもブランドイメージを向上させている。市街地を少し歩いただけでも、人通りの多さが印象的だった。

首都圏への一極集中という、世界の先進国では日本と韓国でしか起きていない珍しい現象を、当たり前と思い込んでいる日本人には、浜松や静岡程度の大きさの都市で金融、情報、芸術の集積が高まっているという状況を、あるいは理解しにくいかもしれない。

だが実際にこの大きさだと、一〇〇〇万人都市圏のロンドンとは住みやすさが違う。家が広く、物価が安く、空港も都心から十三キロと近く、大自然も近く、街はずっと小さいがにぎわい自体に不足はない。そこに地域としての独立自尊の意識が加われば、ロンドンではなくグラスゴーを選ぶスコットランドの若者が増えるのは当然とも言える。

というわけでグラスゴーでは、ブレグジット反対の比率が特に大きかった。ＥＵの中の英語話者地域として、外国企業の拠点を誘致して経済成長を遂げているアイルランドのダブリンは、当市と似たような規模である。その繁栄を横目で見つつ、圧倒的に大きいロンドンへの対抗心を燃やしている、ということもあるだろう。

確かにスコットランドが独立しＥＵにとどまれば、地続きのイングランドから多数の外国企業がこちらに移転してくるかもしれない。歴史的なプライドから独立を求めるエディンバラと、経済的なメリットを求めるグラスゴーのタッグは、なかなかに強力だ。しかしそうすることでスコットランドは、イングランドという何百年来の大市場へのアクセスを弱めることになってしまう。冷静に損得勘定すればするほど、二者択一で割り切れるものではない。

ブレグジットに至った英国政府の失敗は、国民投票によって○×の選択をしてしまったことだろう。そもそも英国は、成り立ちがあまりに多様で、原理原則に基づく二者択一にはなじまない国なのである。

にぎわうグラスゴーの繁華街

だからこそ英国は歴史を通じて、国内の多様な利害にだましだまし折り合いをつけつつ、まとまる時だけはまとまることで、世界の強国として存続してきた。海賊を使ってスペインに対抗させ、貴族に列することまでしたエリザベス女王の柔軟さ。薩摩や長州と闘っておきながら、幕府よりも見どころがあるとみるやその支援に回って、維新後の日本をロシアに対抗できる勢力に育て上げた臨機応変。マン島だのケイマン諸島だの、複雑怪奇な自治の仕組みに乗じたタックスヘイヴンを多数抱える怪しさ。「殺人許可証」を持つスパイが米国のCIAにいるとは考えにくいが、フィクションの世界の話とはいえ、英国のMI6ならばそのくらい裏表のあることでもやりそうだというところに「007シリーズ」の存立基盤がある。

そんな英国なのだから、二者択一を国民に迫ることはせずにEUにとどまりつつ、テーマによっては「俺たち英国は、必ずしもEUの言うことを全部聞くわけではない」と不調和の旗を振り、だましだまし、なんとかしのいでいく方がよかったのではないだろうか。

そう考えれば、将来あるかもしれないスコットランド独立

グラスゴーの路上のカフェでは、大勢の若者が楽しそうにビールを飲んでいた

の国民投票も、やれば同じ轍《てつ》を踏むものかもしれない。イングランドとの間での人材の流動性を弱め、イングランドの市場へのフリーアクセスを阻害してまで、独立を敢行してEUに残るメリットはあるのか？　時に不満を噴出させて不調和を演出しつつ、だましだまし結婚を続けて、裏と表を使い分けて英国とEU両方の市場にアクセスを持ち続けた方が、得策ではないだろうか。

というところまで考えてきて、筆者の本来の仕事のフィールドである、日本の地方の現状に思いが至った。多様性を保持し主張する英国の各地に比べて、日本では中央依存の親方日の丸意識があまりに浸透している。英国にもう少し求心力が必要であるとすれば、日本の地方こそ英国に働く遠心力に少しは学ぶべきではないか。スコットランド並みの個性と戦略を打ち出し、中央政府と切った張ったの交渉をする地域が出て来る方が、日本という国の長期的な活力維持に役立つのではないか。そう夢想しつつ、鉄道でイングランドに取って返したのである。

通勤客で雑踏するグラスゴーのセントラル駅

ACT6. 大陸欧州との対峙でまとまる、自身が多様なモザイクのイングランド

北アイルランド、ウェールズ、スコットランドと、英国内の自治地域を回り、それぞれの複雑な事情をみて、改めて疑問がわいてきた。「ではイングランドとは何なのか?」

強国イングランドが、中世から近世にかけて周辺の地域を併合した（けれども同化はできなかった）ことで、今の多様な英国が生まれた。だがそのイングランドの内部は一枚岩なのか? イングランド自身には自治政府はなく、英国政府がイングランド政府を兼ねているわけだが、それはなぜなのか?

同じ機会に訪れた、ロンドン以外のイングランドの都市をいくつか思い起こして、考えてみた。

チェスターで気付いた、イングランド自身の分裂

ウェールズ北部を一時間半で抜けて着いたのが、イングランドの小都市チェスターだった。わずか十数キロ西のウェールズを相手に、戦争を繰り返していた時代の城壁が、全周残る貴重な町である。

宿に荷物を置き夕暮れの市街をさまようと、中世に戻った感じがした。列車でほんの二時間先に

大都会ロンドンがあるとはとても思えない。

とはいえそこはイングランドで、ラテン系の国々のようにはいかない。一時間以上市街を回ったが、これぞというレストランが見つからないのだ。一軒だけ地元料理を出す店があったが、運悪く定休日だった。

仕方なくありきたりの、ちょっとひねったフライドチキンとビールを出す店に入ったのだが、それが幸いして、アルバイトの白人の女子学生の思いもかけない言葉を聞くことができた。「ロンドン？　行ったこともないし、行きたくもないわ」。日本で言えば、長野県松本市在住の女子大生が、「東京には興味ないし、行ったこともない」と語ったようなものである。

そう、アイルランドを制圧し、ウェールズを懐柔し、スコットランドを飲み込み返してきたイングランドも、それ自身が決して一枚岩ではなかったのだった。移民一世のムスリムを市長に頂くロンドン自体からして、イングランドのその他大部分とは別世界の国際都市だ。ロンドンの街頭には黒人もアラブ人もインド人も東アジア人も無数に歩いているし、ブレグジットの国民投票の際には反対派が多数だった。

観光地となっているチェスター旧市街

それに対してチェスターで見かけたのは、筆者も驚いたのだが観光客を含めて白人ばかり。アルバイトの彼女をはじめとした当地の住人の多くは、すっかり国際化したロンドンに忌避感を覚えこそすれ親近感は抱いていないのだろう。ＥＵ離脱にも抵抗のない人が多そうだ。

翌日、チェスターから頻発する電車でわずか一時間弱のリヴァプールに出ると、ビートルズゆかりの町でもあり、白人以外の観光客も多数歩いていた。この港町では、ブレグジット反対派が多かったらしい。英国全体がそうであるように、その中のイングランドも、多様に分裂したモザイクなのだ。

マンチェスター空港の運営に、対外アレルギーとその限界を見る

四泊五日の英国早回りの最後に、ロンドンに次ぐイングランドの主要都市マンチェスターから出国した。とはいっても日本で言えば宇都宮市くらいの大きさだが、サッカーのイングランド・プレミアリーグでは最強のマンＵ（マンチェスター・ユナイティッド）を擁している。

ビートルズがリヴァプール時代に演奏していたキャヴァーン・クラブ前。中国系の団体観光客に遭遇

宇都宮では、車社会化に抗するべくＬＲＴ（次世代路面電車）を導入しようとしている市長以下に対して、八十歳近いリーダーに率いられた反対運動が続いてきた。高齢者ほど「車が命」と考えているのは、日本の地方に共通の現象だ。

対照的に、宇都宮と同種の中心市街地空洞化に直面したマンチェスターでは何路線かのＬＲＴが新設され、それ以降都心の人通りが増え始めている。これまた雨模様の市街地を、出国前に急ぎ足で巡ったのだが、ロンドンよりはるかに小さいにもかかわらず独自性を発揮しようと背伸びする姿が、頼もしくもありほほ笑ましくもあった。

マンチェスター都心に新設されたＬＲＴ（次世代路面電車）

だが最後の最後で、「うーん……」と考え込む体験が待っていた。空港の出国前の検査で、驚くほどの長蛇の列に並ばされた末、荷物がチェックに引っかかったのだ。

常日ごろ世界各国を出入りしており、引っ掛からないやり方は心得ていたつもりだったのだが、検査官が荷物の隅から旅行用の歯磨き粉（ホテルにある小さなもの）を取り出したのには驚いた。ロシアのような権威主義の国でも、ついぞ見たことのない徹底ぶりだ。

「液体物はあらかじめ全部取り出して、別途パックして見せろといっているじゃないか」と、ご指導いただく。だが、極小の歯磨き粉を摘発している暇があったら、他にやるべきテロ対策があるだろう。「いいか、ここはマンチェスター空港だ。ヨーロッパで一番厳正な空港なんだ」と叫ぶ検査官に対し、思わず「…For What?」（それって何のため？）と言ってしまった。

「この連中、方向がずれている」という嫌な予感は、その一年後に当たった。二〇一七年五月二二日に発生したマンチェスター・アリーナでの自爆テロで、二十三人もの死者と五十九人の負傷者が出たのである。テロリストは空港から海外へ出国しようとしていたのではなく、街の中に潜んで機会を窺っていたのだった。そのような事態に至る種をまいたのは、かつて大英帝国として世界を制覇し、中東に後々禍根《かこん》を残すような国境を引き、英語を国際共通語にしたイングランド自身だ。

だがそのイングランドも、著しく国際化した世界と対外アレルギーを潜在させた伝統社会とに、モザイクのように分裂している。

空港での歯磨き粉のチェック強化は、後者のアレルギー反応

ロンドン都心の公園。白人以外の住人も多い

に対応して「何かやっている姿勢を見せる」ものだろうが、それは所詮、かゆいところを掻くのと同種の反射的行動で、傷を深くこそすれ治癒の効果はない。

こんなイングランド自身が、もし自治政府を持ったなら、国際化の度合いに応じ、内部の地域対立がむしろ顕在化するだろう。スコットランドがイングランドへの対抗心でまとまっているように、イングランドも「英国対大陸欧州」というさらに大きな対立構造の中に置いておいて初めて、何とか統合できる場所なのかもしれない。「だからこそ、英国がＥＵの中に溶けていくことに歯止めをかけねば」という思いが、イングランドの中の伝統社会の住人に行き渡り、ブレグジットの国民投票結果に結実したということか。筆者の中で、忽然と大きな謎が解けた気がした。

だがそれに伴い、欧州最大の都会・ロンドンは、「英国だけなく、ＥＵ全体の経済中心地としても突出する」という道筋を失った。同じように大陸の横の島国にある、都市圏人口規模にしてロンドンの三倍の世界最大の都会・東京が、あまりにドメスティックな土地柄ゆえに到底アジアの中心

平日朝のマンチェスターのＬＲＴ車中。よく利用されているが乗客は白人ばかり

になれないのと、程度は違えど相似形の運命といえる。

とはいえ今後とも、日本はその気真面目さで、英国はそのしたたかさで、大陸とつかず離れず、独自の活力を維持していくことだろう。大陸側から見れば何とも鬱陶《うっとう》しいかもしれないが、これこそ地政学的な妙ではないか。

第3章

旧ソ連・コーカサス三カ国
〝世界史の十字路〟の
混沌と魅惑

東アジア人種を「モンゴロイド」と呼ぶのに対し、白人種は「コーカソイド」（コーカサス人）と呼ばれる。だがそのコーカサスはどこにあって、日本からはどうやって行くのか？

名前からして白人種の故郷なのだろうけれども、今はアジアなのか、ヨーロッパなのか？　安全なのか、危ない場所なのか？

古代から今に続く歴史と、強烈な個性を持ちながら、日本ではほとんど紹介されることのない旧ソ連・コーカサス三カ国の、行ってみて初めてわかる実像。

ACT1．アゼルバイジャン　カスピ海西岸の複雑国家

西を黒海、東をカスピ海、北をカフカス山脈、南をイラン高原に挟まれた、回廊のようなコーカサス三カ国。三つ合わせても面積は日本の半分、人口は十四%、国内総生産（GDP）となると一%少々に過ぎない。だが、長年世界の東の果てで孤立してきた日本とは反対に、この三カ国は「欧亜の十字路」とでも言うべき位置にある。

過去にユーラシアに覇を唱えたあらゆる世界帝国がここを通り、そして去っていった。しかし当地に根付く少数民族たちは、潮が引くと表れ出る岩礁のように、幾度征服されても決して大国の中に溶け去らず、それどころか互いに融合することもなく、繰り返し独立を回復してきたのである。

筆者の少年時代には、旧ソ連が健在だったので、「行きたいけれど、一生行けないのでは」と思

っていた。ソ連崩壊後も、内戦だの国境紛争だのが多くて避けていた。いざ思い切って行ってみるとなると、今度は回る順番から考えなければならなかった。この三カ国、いろいろ仲違いもあり、相互の交通もたいそう不便なのである。

モスクワから南に三時間、イル・ハン国の故地

二〇一六年七月、筆者はロシアの首都モスクワから、アゼルバイジャンの首都バクーへと、アゼルバイジャン航空で南下した。所要三時間、一万五〇〇〇円弱の短い旅だが、さすが金持ち産油国、機材は最新鋭のボーイング７８７である。

同航空は北京にも飛んでいるので、中国経由で行くこともできようし、カタール航空でドーハ経由という手もある。だが今回は日本航空（ＪＡＬ）のモスクワ線に、別途ネットで買った現地航空会社を組み合わせた。

モスクワには国際空港が二つあるが、同じ空港内での国際線乗り換えであればロシアのビザは不要だ（事前にネットでチェックインして、二次元コードを入手しておく必要あり）。ちなみに筆者は、帰路はビザなしの乗り換えにしたが、往路は比較的取りやすいロシアの通過ビザ（最大一泊二日）で、二十六年ぶりのモスクワも歩いてきた。

飛行機の窓から見下ろす地上は、森の中に牧草地が混じる緑一色から、アメリカ中西部にそっく

りの平原を畑が埋める穀倉地帯、どこまでも沼沢地の続くボルガ川河口地帯（カスピ海北端）へと変化し、やがて不毛の乾燥地の中に灌漑《かんがい》依存の緑が少しだけ混じる景色となった。

ここが、カスピ海の西岸に面するアゼルバイジャンの平原だ。十三世紀にフレグ（チンギス・ハンの孫）が、イスラム教の開祖・ムハンマドの後継者であるイスラム帝国（バグダッドのアッバース朝）のカリフを滅ぼした後、モンゴルへの帰国途中に足を止めて自立を宣言した故地である。そのフレグが建国したフレグ・ウルス（イル・ハン国）は、しかし、半世紀もたたずにイスラム教国になってしまった。イスラム教は本来、神に個人が一対一で帰依するという構造の宗教なので、「バグダッドを壊滅させたモンゴル人は、子々孫々まで許さんぞ」というような発想はないのである。

だがそれよりも何よりも、乾燥した中近東に暮らすようになった人間の心には、草原の民であったモンゴル人が元来信仰していたラマ教よりも、森の民に好まれるキリスト教よりも、中東の荒野で発展したイスラムの教えの方が染み込みやすい、ということだったのではないだろうか。

アルメニアに先に入国するとトラブルの元

バクーのハイダル・アリエフ空港のターミナルは、いかにも成り金趣味の、曲線を多用した巨大建築だった。しかしどことなくひと気が少ない。二〇一五年来の原油安の打撃を受けているのか。

アゼルバイジャン入国にはビザが必要だが、空港で到着時に申請すればよい（証明写真の持参が必要）。料金はクレジットカード払いにできるが、筆者は米ドルの現金で払った。その後に改めて入国管理の列に並ぶと、前方の窓口で痩せた白人の若者が係官から散々に詰問されている。前後の人に聞いてみると、「彼のパスポートには、以前にアルメニアに入国したスタンプがあるのではないか」という。

アゼルバイジャンがトルコ系のアゼリー人の住むイスラム教国（シーア派）であるのに対し、西隣のアルメニアはインド・アーリア系のアルメニア人の住むキリスト教国（アルメニア正教）である。そのアルメニアは、ソ連解体後ほどなくしてアゼルバイジャンとの間に勃発したナゴルノ・カラバフ紛争で、アゼルバイジャン国内のアルメニア人居住地（ナゴルノ・カラバフ地方）の実効支配を確立した。それ以降、両国を結ぶ交通手段は途絶しており、間に第三国（ジョージアなど）を挟まないと移動できない。

さらにややこしいことに、アゼルバイジャンからみてアルメニア（占領地のナゴルノ・カラバフ地方ではなく、元々の

バクーのハイダル・アリエフ空港。成り金趣味的なデザインだった

領土）を挟んだ先には、ナヒチェバンというアゼリー人が多く住む高原地帯があり、ここはアゼルバイジャンの飛び地となっている。バクーからは毎日何便もアゼルバイジャン航空が飛んでいるのだが、一般庶民は陸路をバスか何かで移動しているらしい。ただし外国人は乗せてもらえないという。

なんだか広大な地域の話をしているようだが、バクーからアルメニアの首都エレヴァンまでは、東京から八戸程度しか離れていない。そこを突っ切ると、コース次第では、アゼルバイジャン、ナゴルノ・カラバフ、アルメニア、ナヒチェバンと、宗教も言語も違う地域を替わるがわる通ることになるわけだ。旧ソ連時代には紛争は起きさえず、実際にはそんなに厳密に分かれていたはずもないのだが、ナゴルノ・カラバフ紛争を契機に相互に民族浄化（相手民族の追い出し）を行ったため、今ではコントラストが明確についてしまったわけである。

筆者は計画時に、「領土を取られた側のアゼルバイジャンに先に入国し、勝った側のアルメニアに後で入れば、逆よりもすんなり行くのではないか」と考えた。そのもくろみ通り、いじめられている若者を横目にアゼルバイジャンにはすんなり入国できたのだが、しかし後でアルメニア入国の際に一騒動あるとは、甘ちゃんにも予想していなかったのだった。

ACT2. ソ連崩壊で独立を達成したアゼルバイジャンの、地政学的事情

モスクワ経由でアゼルバイジャンの首都・バクーに着き、空港ですんなりとアライバルビザを入手して入国した筆者。まずは成金趣味の空港ロビーを見聞する。時間は午後七時少し前。出発口には、明朝八時台までに出る計二十六便の時刻が表示されていた。

このコーカサス最大の都市（人口二〇〇万人）から、どこ行きの国際線が飛んでいるのかという情報は、地政学のレッスンのようで、実に興味深いものだった。

イランとロシアに挟まれたトルコ系の国

コーカサス三カ国は冒頭に述べた通り、合わせても日本の半分の大きさしかないのだが、国交断絶のアルメニアはもちろん、ジョージア行きの便もこの時間帯にはない。南隣のイラン行きが二便、その西のイラク行きも二便、ドバイ行きが

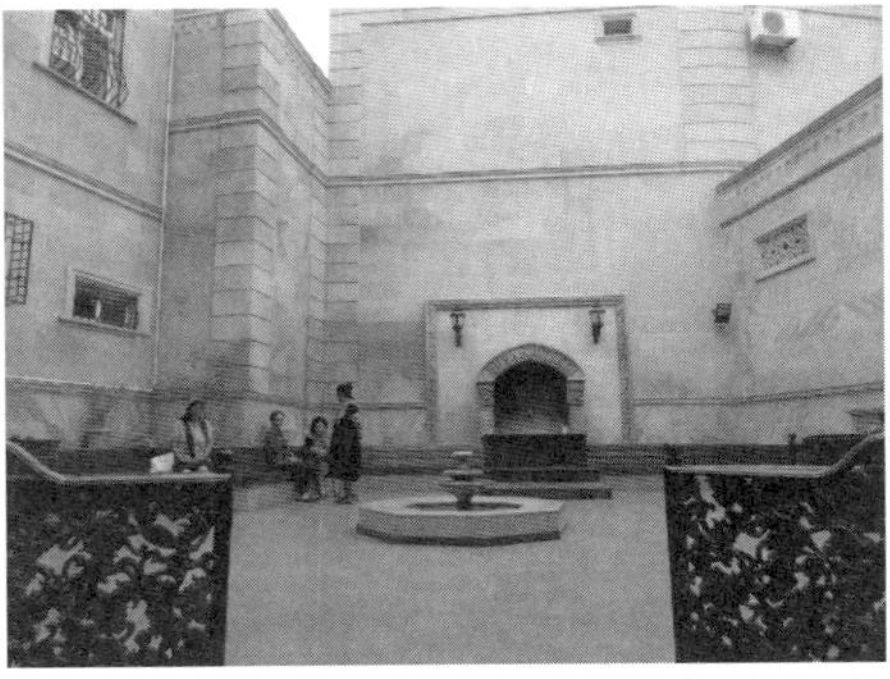

まるで中世に迷い込んだような、世界遺産・バクー旧市街

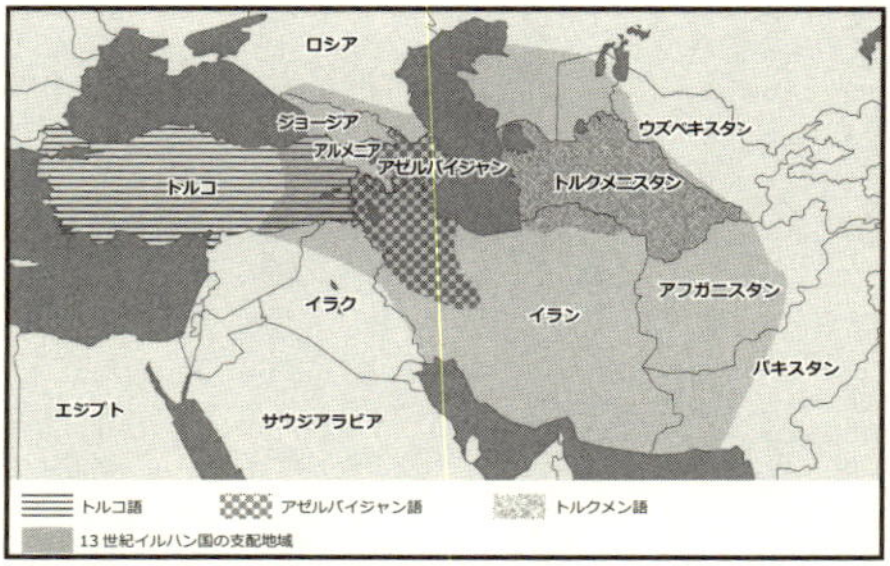

民族・宗教が複雑に入り組んだコーカサス地方

一便。東方面はカスピ海を超えたカザフスタン、トルクメニスタン、パキスタン行きが計四便。ロシア行きも四便（うちモスクワは一便だけ）、そして西にやや離れたイスタンブール（トルコ）行きが最多の六便だ。

トルコとの交流が多いのも当然で、当地在住者の九割を占めるアゼリー人の使うアゼルバイジャン語は、トルコ語と大差ないという。だがそのトルコとアゼルバイジャンの間には、同じシーア派の国とはいえインド・アーリア系のペルシャ人が多いイランと、第一次大戦時のトルコ人による虐殺を深く恨み続けるアルメニアが立ちはだかる。

ちなみにアゼリー人の過半数は、アゼルバイジャンではなくイランに住んでいる。十九世紀初頭にロシアが南下してコーカサス地方を併合した際に、イランとの間に引かれた国境線が、アゼリー人の居住地を分断したというわけだ。

前述したアゼルバイジャンの飛び地・ナヒチェバンも、そのとき一緒にロシアに占領された経緯からソ連崩壊時に一緒に独立したが、そもそもイラン国内のアゼリー人居住地帯と無理なく連続する場所である。

似たような事例として思い起こされるのは、トルコとイランとイラクに分かれて住むクルド人（インド・アーリア系）だが、ソ連崩壊でロシア側だけでも独立できたアゼリー人にならい、彼らもイラク崩壊を奇貨として旧イラク側だけでも独立しようともがいている。

トルコにしてみれば、このアゼルバイジャン、カスピ海を超えた先のトルクメニスタン、中央アジアの要に当たるその先のウズベキスタンとカザフタン、ちょっと外れてはいるがキルギス、さらには中国領だがシルクロード最大の都会に成長したウルムチを擁する新疆ウイグル自治区と、トルコ系の民族の住む地域を東西につなげて連携したいだろう。トルコ版の「一帯一路」だ。実際にも、アゼルバイジャンとは仲良くできている。

だが、自国内のクルド人には「お前はトルコ国民だ」とトルコ語教育を行って同化を迫っておきながら、他国のトルコ系民族と連携を狙うというのは身勝手であり、実際にもそうそう自分に都合のいい方向ばかりに話は進まない。中国の新疆ウイグル自治区では漢族がトルコ系を圧迫している。トルクメン共和国は名前もトルコそのものなのだが、「中央アジアの北朝鮮」と呼ばれるように鎖国状況にある。ウズベキスタンも周囲と仲良くできない国だ。因果応報というか業の連鎖というか、旧ソ連の崩壊がさらに事態を混沌とさせた感がある。

歴史的にトルコと対峙してきたイラン（ペルシャ）にしても、国内のアゼリー人が分裂運動を起こしトルコを利するのはもってのほかであり、そのためもあって「イスラムの大義」を掲げ、彼らやクルド人の分派活動を抑え込んでいる。このトルコ系、ペルシャ系、それにイラク以南のアラブ系の鼎立《ていりつ》は一〇〇〇年以上も続いているわけだが、米国の長年の制裁で経済的に弱っているイランが今後ゆっくりと本来の地力を取り戻していけば、ますます三すくみ状態が強まるだろう。

ライトアップされた「火焔タワー」にふと見つけた疑問

小奇麗な空港バスに乗って、都心の終点「五月二十八日広場」まで三十分弱。バクーカードというバス・地下鉄共通のＩＣカードを買わないと乗車できない仕組みで、その購入に少々手間取るが、時刻表が明示されていてしかも二十四時間運行で便利だ。広場からは地下鉄に乗り換え旧市街に取った宿に向かう。地下鉄は旧ソ連圏に共通してみられる、大深度に掘られた駅間距離の長い設計だ。

乗客の顔をみるに、これをトルコ系というのか、ロシア系というのか、「色白のアジア人」ではなく、「少しだけ色黒の白人」という感じである。言語はトルコ語（日本語や韓国語も属しているとの説もあるアルタイ語族）でも、ＤＮＡはやっぱりコーカソイドなのだ。

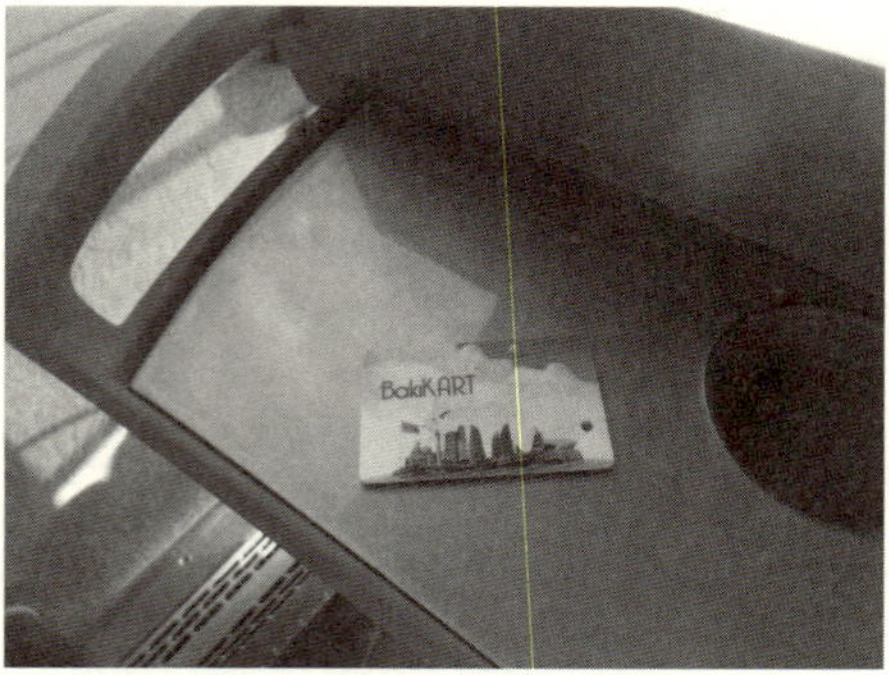

バス・地下鉄に共通のＩＣカード「バクーカード」
(BAKIと書いてあるがバクーと読む)

ちなみに旧ソ連の好影響というべきなのか、原理主義を政府が弾圧しているからなのか、当地はいわゆる「世俗派ムスリム」の国であり、女性でも髪や顔を覆っている人は少なく、滞在中街中にアザーン（コーランの朗誦）が響くこともなかった。そもそもこの国の名物は、昔からビールとワインなのである。

世界遺産にも登録されている迷路状の旧市街を少々さまよった末に宿に着き、四階のレストランで、うわさ通りにおいしい地元ビールと骨付きラム肉をいただく。

窓の外に、奇怪な曲線の三連の高層ビル「火焔《かえん》タワー」（高さ一九〇メートル）が見える。形状も、赤系が中心のライトアップも、いかにもムスリム系の成り金産油国という感じだ。だがよくみると、ビルの室内にはほとんど明かりがついていない。もしかして張りボテ？　これは明日確かめに行かなくては。

ACT3．火と油の国アゼルバイジャンから、水と緑の国を想う

世界遺産のバクー旧市街の宿で、ご機嫌な食事と夜景を堪能した筆者。しかし翌日あれこれ歩いてみると、やっぱりいろいろ難儀な部分も目に入ってくる。ここはそもそも、人の生存にあまり向いていない土地なのではないか。石油が出る前の当地住民はどう暮らしていて、石油がなくなったら今度はどう暮らしていくのだろうか。

染み出す石油の浮いたカスピ海

翌日午前。迷路状のバクー旧市街をさ迷い歩く。ムスリム世界の旧市街に共通のポイントは、路地が入り組んで地図がまったく役に立たない、丘の上にあって時々展望が開ける、宮殿がある、犬がおらず猫が多いなどだが、ここバクーもそれにたがわぬ作りである。だが、都市景観の維持のために公共投資をつぎ込んでいるのか、生活感がやや希薄なのが引っ掛かった。

十二世紀に建造されたという乙女の塔に登ってから、カスピ海の水際に造成された公園へ。世界最大の湖であり、湖面は海抜マイナス三十メートル前後なので、バクーは世界で最も標高の低い一〇〇万都市ということになる。

カスピ海の水は海水の三分の一程度の塩分を含むというので、実際どんな味がするのかなめてみようと思ったが、水面は岸壁から一メートルほど下にあり、手が届かない。そもそも水は下水のような色で、表面には油膜が張っているだけに、手が届かなくて幸いだったかもしれない。油膜は排水による汚染ではなく、湖畔の随所から石油が染み出している結果だろう。白砂青松の国・日本からは想像もつかない、「油性の水辺」なのだ。

カスピ海はチョウザメで有名だが、乱獲で禁漁となっているらしく、漁港はなく釣り人もいない。そもそも、沖まで見渡しても、船が一艘も浮かんでいない。軍港施設も見当たらない。冷戦時代には旧ソ連とイランの海軍（湖軍）がにらみ合っていたらしいが、その後旧ソ連から分かれた当国、ロシア、カザフスタン、トルクメニスタンを含め、資源国同士の無駄な争いは避けようということで、お互いに手を引いているのかもしれない。

湖畔から一気に丘を登り、三本のビルが競い合って天を衝く火焔タワーにたどり着いた。オイルマネーを注ぎ込んだ、二十一世紀の「奇想遺産」とでも言うべきデザインである。

ところが木曜日の午前十一時だというのに、入り口には立ち入り禁止の柵が設けられ、警備員が監視していた。展望台にでも登れるかと思ったが、それどころか全体が空きビル状態になっているようにも見える。帰国後にいろいろ検索してみたが、夜のライトアップが奇麗だと喜ぶ記事ばかりで、経営状況はよくわからない。表に見えるものの裏側も、常に確認しておきたいものだ。

バクー市街背後の丘の上にぬっと突き出た「火焔タワー」。ウルトラセブンで、巨大化した怪獣がぬっと出て来るシーンを思い出させる

無尽蔵の化石燃料と限られた水

アゼルバイジャンのアリエフ大統領は、旧ソ連から独立した十五の共和国の中では初めての世襲の二代目だ。副大統領は妻で、さらに自分の長男への世襲を目指しているという噂もある。先代のヘイダル・アリエフは不毛の高原の続く飛び地のナヒチェバン出身で、ＫＧＢ職員からスタートし、ムスリムとして初めて旧ソ連共産党の政治局員になった人物であり、ソ連崩壊後は母国の大統領として君臨。長男への権力移譲を果たした後に、手術を受けた米国で病死した。

街の真ん中にある彼の銅像は、片手を「よっ！」と挙げたスタイルで、スターリンよりも田中角栄に似ている。ＫＧＢ仕込みの巧みな言論統制と、経済的なバラマキの両輪が、その権力を支えたのだろう。後者は今でも機能していると見え、市街地には軍人も警察も目立たず、すれ違う地元民は中流風で、表情はおしなべて明るい。湾岸産油国と違って外国人労働者に依存している感じでもなく、治安も良好だ。今後も続けばいいのだが。

あまり人の姿を見ない旧市街。たまに子供に出会うとホッとする

短い滞在を終えて空港に向かう際、バスではなくタクシーに乗り、空港の近隣にあるゾロアスタ

ー教の僧院の遺跡に立ち寄った。石造りの僧坊が真ん中の神殿を囲む造りで、かつては大勢の修行僧が暮らしていたらしい。しかし当地発祥ともいわれるゾロアスター教自体がムスリムに駆逐されて久しく、今では全体が無住の文化財になっている。

唯一創建当時のままなのは、神殿の中の炎だ。地下から噴き出す天然ガスを糧に、何カ所かで永遠の火が燃え続けている。この神秘が、「神の炎がいずれ悪を焼き尽くしこの世を浄化する」という、ゾロアスター教の世界観を生んだのだろう。当地の油田は、十九世紀末には世界全体の石油産出の半分を担っていたと言われ、今でも健在だ。僧院の周囲の荒れ野でも、無数のポンプが上下動していた。

火を恐れずに使いこなす唯一の生物である人間にとって、この資源は魅力だ。かつてヒットラーも、この地の侵略を目指し、結局果たせなかった。だが人は本来、油はなくとも生きていけるが、もともと海から生まれた生物の宿命として水なくしては生きられない存在である。ガスと油は尽きないが水と緑は乏しいこの地に、人はいつまで大都市を営み続けら

緑のまったくないカスピ海の湖畔。自噴する石油の油膜が湖面を覆う

れるのだろうか。

油はなくとも水と緑のある日本に思いを致しつつ、コーカサス三カ国の二つめの国、ジョージアに飛ぶ。

ＡＣＴ４．有史以来の白人国家としては最東端 侵略者より後まで生き残ったジョージア

バクーのヘイダルアリエフ空港（アゼルバイジャン）から、カタール航空のエアバスＡ３２０機で一時間少々。トビリシ国際空港（ジョージア）に着き、ビザも不要ということで、さっさと入国手続きを済ませて表に出る。

到着したのがまだ十八時台で明るいので、タクシーではなく空港バスで市内に向かったが、最新式の大型バスが時刻表通り二十四時間走っていたバクーと対照的に、旧ソ連圏ではおなじみの古ぼけたマルシュルートカ（定員十数人のミニバス、というか大きめのワゴン）が、客が集まり次第発車するスタイルで運行されていた。アゼルバイジャンとジョージア、両国の所得格差は歴然である。

そしてもう一つ歴然なのは、乗客がみな、普通の欧州系白人の顔立ちをしていたことだった。そ

入り口が閉鎖され、警備員が中に入れてくれなかった火焔タワー

う、ここは有史以来白人が住み続けている場所の中では、アルメニアと並んで最も東にある国なのだ。

侵略されても侵略されても復活した歴史

黒海とカスピ海を東西につなぐ谷間にあるジョージア（ロシア語ではグルジア、ジョージア語ではサカルトベロ）は、エルサレムやメッカよりも東に位置する。首都トビリシから真南に線を引けば、イラクのバグダッドにぶつかる。

紀元前六世紀のアケメネス朝ペルシャ以降、欧亜大陸に覇を唱えたあらゆる勢力がこの地を通過し占領した。主なものを順に並べれば、アレクサンダー大王とその後継のセレウコス朝シリア、帝政ローマ、ササン朝ペルシャ、東ローマ、イスラム帝国（ウマイヤ朝、アッバース朝）、セルジューク朝トルコ、モンゴル（チンギス・ハンの孫・フレグの建てたイル・ハン国）、ティムール帝国、サファービー朝ペルシャ、オスマントルコ、帝政ロシア、そしてソヴィエト・ロシア。欠けるところなき、中央部ユーラシア史のオールスターキャストである。

だがこの国の最大民族であるジョージア人は、一貫してこの地にとどまり、それら大国が衰えるたびに独立を回復してきた。

イベリア王国を名乗っていた四世紀には世界で二番目にキリスト教（現在のジョージア正教）を

国教と定め、五世紀までには独自のジョージア文字を発明、十三世紀にはキリスト教国のよしみで第五次十字軍を東側から支援するなどし、結局は過去の占領者の誰よりも長く命脈を保って今に至っている。

スペインがイベリア半島と呼ばれるようになったのは、イベリア王国時代に当地からバスク地方に移民していった集団がいるからではないかという面白い説もあるそうだが、学問的には証明されていない。

しかもただ侵略されていたばかりではない。ソビエトの独裁者スターリン（ジョージア名ジュガシビリ）や、その腹心の秘密警察長官ベリヤは、生粋のジョージア人である。ソ連邦解体の立役者の一人シェワルナゼ外相（当時、後のジョージア国大統領）も同じだ。

この歴史を、世界の果てで人口大国をやっていたがゆえに〝単一民族〟を保てた日本と比べれば、「古さ」「根強さ」「いやらしさ」のすべてにおいて、ジョージア人が勝っている。

しかしながら、車窓に見るトビリシの郊外住宅地のたたずまいは、旧ソ連時代のインフラそのま

空港から市内へ向かうマルシュルートカの車内。確かに白人国家……

まだ。自立の気概もむなしく、地下資源も生産力も内需も足りないのである。
市街の東端にあたるアヴラバリ（地下鉄との乗り換え点）で下車し、予約していたホテルを探して住宅街に分け入ると、まるでアジアの途上国のように、生鮮品を売る露店が並んでいる。違いは売り子が白人であることだけだ。石畳の路面は荒れ、沿道の家には崩れかけているものも多い。この貧しさは、いずれ紹介する機会があると思うが、同じ旧ソ連の白人国家・モルドヴァと似ている。難儀なことだ。

当時スマホを持っていなかったこともあり、当初予約していたホテルは見つからず、途中にあった別の宿の門をたたいた。英語が通じ、部屋は小奇麗で、まずは安堵《あんど》する。

周囲から孤立したジョージア語

当地の国語であるジョージア語は、南コーカサス系と分類されるが、インド・アーリア系（ペルシャ語やアルメニア語、ロシア語などはここに含まれる）とは似ても似つかぬ孤立したグループで、アルタイ系のトルコ語やモンゴル語、ウラル系のハンガリー語、セム系のアラブ語などとも構造が違う。

地下鉄アヴラバリ駅周辺の露天市はまるで東南アジアのよう

ただし、単語の後に助詞が付くという点では、西欧で孤立しているバスク語や、ウラル・アルタイ系諸語、インドのドラヴィダ語、そして日本語と同じ「膠着語《こうちゃく》」である。

ちなみにジョージア人同士の会話と、日本人同士の会話、アメリカ人が聞けばどちらも同じように聞こえるのではないか。細切れの音節を連ねた早口で、抑揚は少ない。

交通の要衝ではあっても占領を続けるほどの魅力には欠けた山間地で、かつジョージア正教とジョージア語という強烈なアイデンティティーのあったことが、今日まで民族の存続を担保したのだろう。だが今の住民は、ロシア語や英語という、自国語とはまったく構造の異なる言葉を話せなければ、さしたる仕事も得られないようだ。

都心はどんな感じなのか。予約していた宿をネットで解約し、明日を期して眠りにつく。

トビリシの都心から離れた場所。メンテナンスされていない石畳と崩れかけた家々

ACT5．貧しいジョージア、だが今こそ完全独立を謳歌

歴史は長く誇りは高いが、大国の狭間にあってほとんど意識されることのない小国・ジョージア。北海道の六分の五の面積に北海道の七割程度の人口が住む。

飛び込みで泊まったプチホテルでゆっくり朝食をいただいてから、夜まで存分に首都トビリシを探検する。

谷間の城塞都市・トビリシ

ジョージア（とその南のアルメニア）は、イスタンブールからウルムチまで続くトルコ系ムスリムのベルト地帯の中に、クサビのようにささった白人キリスト教国だ。侵略者と闘い続けた歴史ゆえだろう、東に片寄った山中の城塞《じょうさい》都市・トビリシが首都になっている。黒海沿いのリゾート地帯からは三〇〇キロ以上離れているが、西風が水分を運んでくるらしく、街の東西を挟む山々にはうっすらと緑がある。市街を南流するムトゥクヴァリ川はわずか五十キロ先で草原と砂漠の国・アゼルバイジャンに入り、カスピ海に注ぐ。

幸いジョージアとアゼルバイジャンに表立った対立はない。というのもアゼルバイジャン（とカ

スピ海を渡った先のトルクメニスタンなど）にとって、ロシアやイランやアルメニアという多年の対立相手を避けてトルコ（とその先の西欧）に化石燃料のパイプラインをつなぐには、間にあるジョージアとの友好が不可欠なのだ。他方でジョージアも、燃料をアゼルバイジャンが供給してくれるからこそ、資源大国ロシアとけんかしていられるのである。

　ということだからか、紛争まみれのジョージア（後述）の首都だというのに、トビリシの都心部は実に平和な雰囲気を演出して観光客を引きつけている。

　老朽家屋の目立つ旧市街の丘の上から、六世紀以来という歴史ある教会が並ぶ河畔に降りると、国力を一点注入したような華麗なデザインの歩行者専用橋（平和橋）がかかっていて、周辺を多くの欧米人団体客が楽しそうに歩いていた。

　まだ都心の南端しか見ていない。ここで、旧市街の丘の上にあるアヴラバリ広場まで戻り、地形を無視して大深度を走る旧ソ連式の地下鉄に四駅ほど乗る。六分おきにやってくる四両編成は、ガタガタ揺れながら高速ですっ飛ばす。市街北部のトビリシ駅で降りると、観光客向けではない現実

旧ソ連時代の遺産として市内交通を支える地下鉄の車内

が、再び目に入ってきた。

今でもモスクワ行きの国際列車の出る鉄道駅構内は、大きいが行き交う列車はなく、時代に取り残された空気が漂っている。周辺の路上は露店に埋め尽くされ、駅併設の商業ビルの中はちょっと怪しい感じの宝飾品市場となっていた。売り子も客も白人であることを除けば、典型的な途上国の景色だ。

貧しさと豊かさが交錯する中に漂う安堵感

トビリシ駅からマルジャニシュビリ駅まで一区間だけ南に戻って、周辺の都心部を歩く。このあたりは美しいビルが並び、いかにも欧州という感じの堂々とした佇まいである。とても、一人当たりGDP（国内総生産）が日本の一割の、インドネシアやスリランカ並みの経済水準の国だとは思えない。だが、国際ブランドの服飾や飲食のチェーン店はまったく見かけない。進出するほどの市場規模がないということか。

川を西に渡り、外国人客の集中するラディソンホテルで、コーカサスで初めて見た日本人中高年団体客に紛れて用を足す。

トビリシ駅周辺の路上は物売りであふれていた

旧ソ連圏で何が困るといって、公衆トイレがほぼどこにも存在しないので、ホテルには申し訳ないのだがここで機会を逃すわけにはいかないのである。

それから、市街の西にあるムタツミンダの丘にケーブルカー（フニクラ）で登ろうと、乗り場に向けて坂を上がっていったのだが、ホテル前にあった地下街は閉鎖されているし、一キロほどの間に沿道の家々はどんどん貧しくなっていった。フニクラは設備も快適で、丘の上からの展望も素晴らしく、帰りに歩いて降りた遊歩道も立派な造り。降りる途中にあった聖ダヴィデ教会も清貧な佇まいで、すっかり観光客気分になったのだが、市街に降りてくるとまたまた家々の老朽化が目につく。

欧州らしく立派な建物が並ぶ地下鉄マルジャニシュビリ駅周辺

だがそこからさらに南、自由広場駅周辺の官庁街まで来ると、再び欧州の他国にひけをとらない街並みが登場した。欧州や旧ソ連の町ではおなじみの光景だが、公園では絵や工芸品の露天市が開かれており、まったりと豊かな時間が流れている。

十七時と早めだったが、広場にテーブルを出した郷土料理レストランで、子牛のシチューとヨーグルトサラダ、国産チーズの盛り合わせ、それに世界最古と言われるジョージアワインを、ゆったりと味わった。日本の地酒に似た、洗練されていないが風土に根差した酵母の香る味だった。横では地元のおやじたちが酔っぱらっている。

結局この国は、貧しいのか？　実は豊かなのか？　推測するに、旧ソ連時代に構築された地下鉄や街区などのインフラが、四半世紀後の今も、本来の経済力を超えた生活水準の維持に寄与しているのだろう。

しかしこの街の人たちは、過去のインフラが朽ちかけていることを気にしているようでもない。「二五〇〇年以上の歴史の中でも数少ない完全独立の時期を、今しばらくは謳歌《おうか》しようか」というあたりが、案外本音なのかもしれない。

夕食は済んだが、トビリシ観光のハイライトはこれからだ。名前の由来にもなったという、当地名物の温泉を探すことにする。

世界最古といわれるジョージアワインを注いで、素朴なジョージア料理を楽しむ

ACT6. 四十二度の硫黄泉に浸かって考えた、多民族国家ジョージアの平和戦略？

トビリシ市街の南端で早めの夕食を終えた後に、ナリカラ要塞と温泉という、この町のハイライトを楽しむ。だがその最中に、ジョージアの抱える、経済よりもさらに厄介な構造問題に、改めて気付く筆者だった。

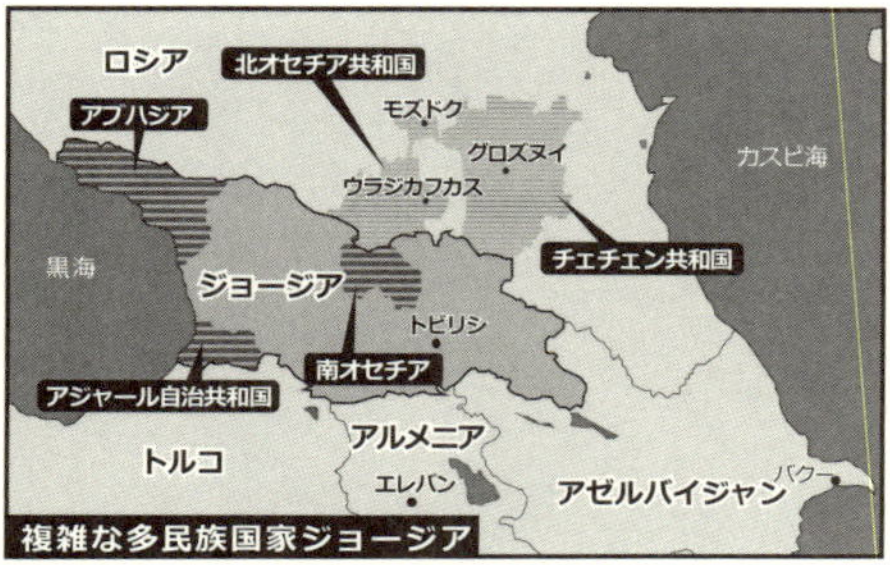

複雑な多民族国家ジョージア

ナリカラ要塞に登って温泉に下る

七月初旬、十八時半でもまだ日は高い。二〇一二年開業のロープウエーで、ナリカラ要塞のある丘まで登ってみる。登った先の南側が城塞、北側は植物園になっていて、その間に「ジョージアの母」という剣を掲げた巨像が建っている。

十一～十二世紀にセルジュークトルコをはね返したジョージアは、ちょうど日本に鎌倉幕府ができたころ、タマル女王の下に最大版図を達成した。聖母マリアとは似ても似つかぬたけだけしいデザインは、彼女がモデルなのかもしれない。同時代の日本には北条政子がいたが、地続きの異民族帝国の侵略をはね返し続けた点でスケールが違う。

南に戻ってナリカラ要塞を見物する。片側を峡谷で削られた要害で、スリル満点の展望台の連続だ。独立以前の三世紀からあったらしいが、名前は女王のもたらした最盛期の後、モンゴルに支配された当時の「ナリン・カラ」（小さな要塞）にちなむという。綿々と重なった戦乱の歴史を鎮魂するためか、あるいは現在の独立を高く示すためか、一角にジョージア正教の聖ニコライ教会が建っていた。

要塞から峡谷側に降り、奥にある滝のたもとで多くの市民とともに涼んでから、川沿いに下がって温泉地区にやってきた。五世紀にタカとキジを追ってきた王が発見したと伝わるが、どんな感じで利用されているのか？

個室の家族風呂が多数並んでいる中、Ｎｏ・五浴場という公衆浴場に入ってみる。脱衣場は半地下で蒸し暑く、数十円の料金を払うとロッカーに掛ける南京錠をくれる。鍵は、入浴後

ナリカラ要塞近くの公園に建つ「ジョージアの母」の像

に頼むと係のおじさんが開けてくれるという武骨な仕組みだった。困ったことに喫煙自由で、たばこの煙に身体反応の出る筆者は苦しくてたまらない。

急いで浴場に逃げ込むと、洗い場の天井に細いパイプが張り巡らされ、何十カ所から同時に、四十二度くらいのお湯が噴き出ている。掛け湯をせずとも、簡単に体と頭を洗えるしくみだ。浴槽ではワイン腹の突き出たおやじたちがリラックスしている。水着は着ないし、前をタオルで隠すようなこともなく、堂々としたものだ。

筆者は温泉では必ず味見をするが、カルキなど入っていない、純正で熱めの単純硫黄泉だった。いやあ、満足、満足。

だがしかし、湯につかって心身を溶かしているうちに気が付いた。首都で見た名所は、ジョージア人の苦闘の歴史とジョージア正教にちなんだものばかりだったな、と。そういうことで、国民統合は大丈夫なのだろうか?

温泉街を見下ろす。中東風の屋根の平べったい建物群が家族風呂や公衆浴場

多民族国家の現実からの逃避？　押し付け合いを避ける大人の知恵？

そもそもジョージアは、ジョージア人だけの国ではなくて、小さいけれども複雑な多民族国家である。国内の少数民族を主だったところだけ挙げると、まずはトルコに近い黒海沿岸南部のアジャール人。同じジョージア語を話すジョージア人だが、宗教はジョージア正教ではなくて、イスラム教スンニ派だ。アジャール自治共和国として自治を行っており、今世紀初頭には独立戦争寸前まで行ったが、民族は同じで違いは宗教だけということもあり、現在は問題なく行き来できるらしい。

次いで黒海沿岸北部のアブハジアに住むアブハジア人。ジョージア人同等に古い歴史を持ち、南カフカス系のジョージア語と同様の膠着語ながら相互にはまったく通じない、北カフカス系のアブハジア語（こちらの類似言語はチェチェン語など）を話し、ジョージア文字ではなくロシアと同じキリル文字を使う。同じキリスト教でもジョージア正教ではなくロシア正教を奉じており、スターリン時代に弾圧され中央アジアへの強制移住を経験したことから、この独裁者を生んだジョージアへの恨みが深い。現在はロシアの軍事的支援を得て事実上独立している。東ウクライナ地方

Ｎｏ・五公衆浴場の脱衣場。日本と同じく裸で入る

と似たような状態だ。

さらに、トビリシから八十キロも離れていない南オセチアにはオセット人がいる。ロシア正教を奉じキリル文字を使うが、こちらの言語はインド・アーリア系のイラン語の一種だ。紀元前からの遊牧と通商の民が、険しい山地の奥に次第に押し込められ存続してきたもので、コーカサス山脈を挟んでロシア側の北オセチア共和国とは同族だ。ジョージア独立後に自治が後退したことから、二〇〇八年にロシアの軍事支援を受けて内乱を起こし、これまた今では事実上独立している。しかし、トビリシとは平地続きのようなものなのに、同族の北オセチアとの間を結ぶ峠道は、地図で見る限り羊腸《ようちょう》の隘路《あいろ》だ。

せっかくアゼルバイジャンともアルメニアとも喧嘩せず行き来できるのに、国内がこれではどうしようもない。アブハジアや南オセチアの背後にいるロシアとの仲も、いいはずがない。だが、一日歩き回ったトビリシ市内で、銃を持った軍人だの警官だのに一人も出くわさなかったことを思い出す。

国内の分派勢力はそれぞれの支配地でそれぞれに自民族の歴史を強調して国威発揚に走っているのだろうが、それはそれとして、お互いに領域を超えての暴力やテロの応酬はやっていないのだろう。そうでなければ、もっとものものしい感じになっていたはずだ。歴史の知恵か、南欧に似て陽気でワイン好きの民族性故なのか。

同じ正教国のロシアと宿命的に対立し、経済的に苦境に立ち、遠く離れた欧州連合（EU）への加盟というかなわぬ願いを抱き続けるジョージア。しかしそれもこれも、侵略されても侵略されても消滅しなかった歴史の中で考えれば、むしろ平和な明るさを帯びた一コマなのかもしれない。

次の訪問国アルメニアのエレヴァンに向かうジョージア航空の深夜便を、いまどきロビー内に平然と紫煙が漂うトビリシ空港で待ちつつ、この規格外の国が国際標準の国民国家になる時代が来るのかどうか、いぶかったのだった。

ACT7. アルメニアの首都エレヴァン 深夜の空港で警官に囲まれる

アゼルバイジャンのバクー、ジョージアのトビリシと、旧ソ連のコーカサス三国の首都を巡ってきて、いよいよ残るアルメニアのエレヴァンに向かう。思えばこの町を予定に組み込むのが一番大変だった。

というのも、他の二つの首都に比べても各地からの飛行機の便数が少なく、しかも便のほとんどが近隣国からであるに

エレヴァン市街南西にある聖グリゴル・ルサヴォリチ教会

もかかわらず、発着が早朝深夜、というよりは夜中に集中しているのだ。

深夜の入国審査で尋問される

トビリシからエレヴァンまで、直線距離では二〇〇キロもない。だが陸路だと山道をバスにゆられ六時間くらいかかる。旅客列車も週に三往復あるが、もっと時間がかかるうえに夜行だ。飛行機だとたった三十分で着くのだが、トビリシから筆者の乗った一日一往復のジョージア航空の便（席配列二×二の小型ジェット機、片道一万一〇〇〇円）は、二十三時二十分発・二十三時五十分着（二〇一六年七月当時）というとんでもない時間帯で、しかも出発が三十分近く遅れた。

　こういう不便なことになっているのも、アルメニアに自前の航空会社がないからだ。今世紀になって二度つぶれ、その後再建されていない。従って今この国の頼みは、他国の航空会社が夜中に遊んでいる機材をエレヴァンに往復させて小銭稼ぎをすることである。他国側にしてみれば、昼間は

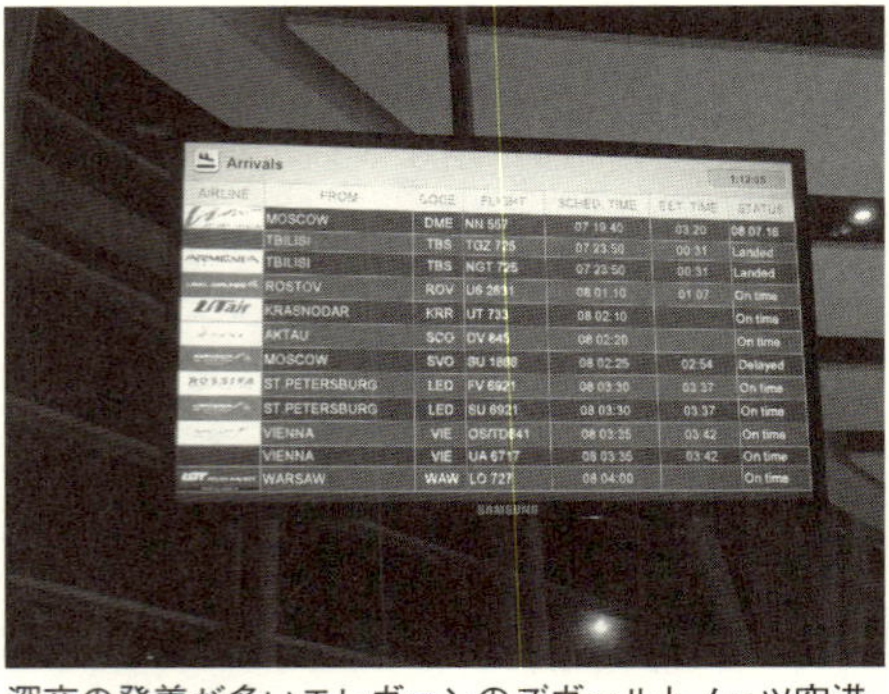

深夜の発着が多いエレヴァンのズヴァルトノッツ空港。午前一〜四時にロシア、ウィーン、ワルシャワなどからの到着便が集中

もっと客数の多い別の国の都市が優先というわけなのだろう。

そこまで孤立した国とは実際どんな感じなのか、確かめる前に、入国段階で難物が待ち構えていた。

ビザ不要のジョージアと違って、アルメニア入国時には空港でアライバルビザを申請しなければならない（アゼルバイジャンと同様）。そこはすんなりと終わり、ビザをパスポートに貼ってから入国審査となったのだが、そこのところで「あんたはこっち」と別室に連れ込まれてしまった。アゼルバイジャンに先に入国したことが、やっぱり問題にされているようだ。

前述の通り、アルメニアとアゼルバイジャンは、アゼルバイジャン国内のアルメニア人居住地帯・ナゴルノ・カラバフをめぐって紛争状態にある。先に劣勢のアゼルバイジャンに行って、後から優勢のアルメニアに入る方が得策ではないかと考えたのだが、どっちみち後に回した方の国で絞られる運命だったようだ。

別室には、先に韓国人らしき高齢男性と白人の若い女性がいて、そこに中国人と思われる中年女性が誘導されてきた。

アルメニア側は若い警察官か軍人かが五〜六人。ここで入国を拒否されてもジョージア行きの便は明日の夜中までない。要するに、パスポートにアゼルバイジャン入国のスタンプのある外国人は形式上詰問することになっているのだろうから、形式通りにさっさと済ませてほしいものだ。

ところが他の客は先に許されて出て行き、筆者だけが残されてしまった。翌日観察したところでは、この人口三〇〇万人の小国にも中国や韓国の企業は進出しているのだが、日本企業の看板は見当たらず、従って当方が一番分が悪かったわけだ。

それから十五分くらいだろうか、「アゼルバイジャンに何しに行った?」とか、「アルメニアに何しに来た?」とか、ニヤニヤ笑いを浮かべる連中に代わる代わる尋問される。英語での問答に慣れているのも、こういうときは考え物だ。だが当方もだんだん腹が立ってきて、「アルメニアに何しに来たって? 世界最古ともいうエレヴァンの町と、何度侵略されても屈しなかったあんたらの誇り高い文化を見に来たのに、これが一体全体客人に対する扱いか?」と演説したところ、さすがに尋問側も伏し目がちになってきた。相手側が賄賂狙いではなく、単に仕事としてタラタラやっていただけなのは幸いだった。

エレヴァンの街は奇麗に整備されている

吹っかける正規のタクシーを避け、ボラない白タクで市内へ

ようやく解放されロビーに出ると、夜中の一時を過ぎていた。他に客は誰もいない。夜中の三時過ぎに便が集中する空港にもかかわらず、バクーの空港のような二十四時間運行のバスもないので、ATM（現金自動受払機）で現地通貨を引き出してからタクシー乗り場へ。暇そうな運転手が十数人、これまたニヤニヤ近づいて来たので、市内までいくら？と聞くと、円換算で三〇〇〇円程度だと言う。

ガイドブックに載っている相場の三倍なので、「それはいくら何でもむちゃだ。誰か一〇〇〇円で行く車はないのか？」と見回すと、リーダー格とおぼしき男が「そんなはした金じゃあ、誰も行かないよ。なぁ？」と周りににらみを利かせた。他の運転手がこれまた、ヘラヘラと笑いを合わせる。

なおも譲らずにいると、「そんならこのじいさんの車に乗れ」と、オドオドと愛想笑いを浮かべる老ドライバーが、前に押し出されてきた。若い運転手の一人が指さして、「俺のおやじだぜ！」と言う。じいさんの方は英語が通じないので、本当なのか確かめようもない。彼の車は向こうの一般駐車場

エレヴァンの建物には地場産の薄桃色の凝灰岩が多用されており、「薔薇《ばら》色の街」とも呼ばれる

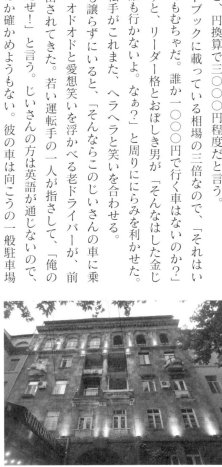

にあるという。つまり白タクというわけだ。

車に向かう途中で誰かに襲われないか警戒したが、無事にボロい自家用車（タクシーではない）に乗ることができた。その後も市内の薄暗い場所に連れて行かれないか終始緊張して行方を注視していたが、二十分ほどでホテルに無事着いた。このじいさんは正直者だったということで、チップ含めて一五〇〇円程度支払ったら、とても喜んでいた。

「やれやれ、のっけからひどい国だ」と怒りを覚えつつフロントに向かうと、インテリアはおしゃれ、係は若くててきぱきしており、ちょっと拍子抜けする。何がどうなっているのか確かめるのは明日の仕事だと考え、今回の旅行では一番あかぬけた部屋で、さっさと眠りについた。

ACT8. アルメニア　観光客もいないのに、ひたすら奇麗な街並みと住人

エレヴァン市中心部の「共和国広場」。建物には地元産の薔薇色の凝灰岩を使う

「俺たちの敵国のアゼルバイジャンに、何しに行ったのか」と、入国審査でさんざん因縁を付けられ、空港から市内へは正規のタクシーに乗車拒否されてやむなく白タクを利用と、えらい目にあっ

たアルメニア到着の晩。だが白タクを運転する爺さんは正直者で、ようやく着いたホテルもこれまでで一番垢抜けていた。

翌日、エレヴァン市街を歩き回りながら、アゼルバイジャンはもちろんジョージアとも毛色の違った、アルメニア的世界を覗き見る。

「同じ場所で継続している中では世界最古」を自称する町

エレヴァンは、標高一〇〇〇メートルの高原にある街だ。丸い平地が都心となっており、その周囲を低い丘が取り囲むという、巨大なスタジアムのような形になっている。都市の規模は、標高マイナス三十メートルの湖畔の街・バクーの半分、標高三〇〇メートル台の谷間の街・トビリシの三分の二という感じだろうか。この規模感は、それぞれの国の人口規模にも相応している。

この町が、コーカサス首都三兄弟の三男というわけだが、何かと「自分が一番」と主張するのは、享楽的に今を生きる

コーカサス三国で泊まった中では最も あかぬけていたエレヴァンのホテル

次男・トビリシではなくて、この三男坊だった。ここにあった城塞《じょうさい》が紀元前八世紀のアッシリアの文献に言及されており（遺跡もちゃんと残っているという）、「現在まで同じ場所で続く街では世界最古」と自称する。「アッシリアの文献」まで持ち出されてしまうと、その千年後にあったはずの邪馬台国の場所についてすら実際のところよくわからない日本から来た者としては、「歴史の古い日本」などとはとても言えない。

インド・アーリア系諸言語の中でも孤立度の高いアルメニア語を話すアルメニア人が、この地で最初に独立王朝を建てたのは紀元前二世紀。中国で劉邦が漢を建国したのと同時期だった。以降はジョージアと同じく、ユーラシア大陸の折々の覇者の侵略を受けては再独立するというパターンを繰り返す。

ジョージアにやや先んじる四世紀初頭に、世界で初めてキリスト教を国教と定め、ジョージアにやや遅れて五世紀初頭に独自のアルメニア文字を発明。この「アルメニア語・アルメニア正教会・アルメニア文字」が、今日まで民族の強固なアイデンティティーとなっているのは、「ジョージア語・ジョージア正教会・ジョージア文字」と同じだ。

それにしても、東京と松本くらいの距離しか離れていない両国、しかもアジアの中に二つだけ孤島のように残った白人の国の言語が、まるで英語と日本語くらい違っているというのは（ジョージア語は前述のとおり、孤立言語の南コーカサス系）、これまた日本人からすれば驚くしかない。

さて、その都心の平地の南部にあるホテルを出て、共和国広場に向かってみる。ガイドブックに「エレヴァンの特色は地元産の薔薇色の凝灰岩を使った建築」とある通り、やや茶色がかったピンク色の石で造られた堂々たる建物が、広場を取り囲んでいる。そこから南西や南東に延びる広いグリーンベルトには、オープンカフェが点在し市民が憩っていた。

首都はその国のショーウインドーであると言われるが、確かにここエレヴァンはアルメニアの国力を結集して見事なまでにきれいに仕上がっている。一人当たりGDP（国内総生産）ではジョージアもアルメニアも似たようなものなのだが、見た目ではトビリシよりはエレヴァンの方がずいぶんと金持ちそうだ。

だがあまりに人工的な奇麗さであり、しかもこれだけ奇麗なのに、ジョージアと違って外国人観光客はほぼ見当たらない。もう少し庶民的な地区を探してみたくなり、都心に背を向けてグリーンベルトを南東に向かう。

〝アルメニア美人〟の反応に自重する

外周の丘に近づくと、欧州及び旧ソ連圏ではおなじみの、絵

露天市で売られていた絵画。なかなかレベルが高い

や工芸品の露天市が現れた。露天市はトビリシにもあったが、こっちの方がおしなべて作品の質が高く見える。それから建物よりも人に目が行くようになって気付いたが、行き交う女性の顔立ちの彫りが深い。いわゆる〝アルメニア美人〟だ（口絵）。

筆者には子供のころからなぜか、女性の容姿を比較して論評するという意識や習慣がない。紫式部ですらやっていたものを、友人がそういう話をしているときには、いつも輪に入れずにいたのを覚えている。だが、アルメニアの女性に手塚治虫の漫画から抜け出してきたような顔立ちが多いのには、さすがにすぐ気づいた。くっきり大きな目に高い鼻。美人かどうかはともかく、ひたすら立体的だ。しかも体形は日本女性と同じくほっそりしている。

その〝美人〟たちだが、男性にじろじろ見られたり写真を撮られたりするのには辟易《へきえき》しているようで、試しに夕食時にウエートレスに写真を撮ってもいいかと聞いてみたけれど、冷たくスルーされた。

通りすがりの当方にそれ以上の邪心のないのは見ての通りで、アジアであればOKしてもらえることも多い。日本女性も照れはするが普通は怒ることはない。中南米の女性ともなれば、笑顔一杯にポーズくらい取ってくれる。対して女性側のこの忌避感は米国にやや似ている。つまり米国同様、女性が外見で商品化されやすい社会構造がこの国にはより強くあるのかもしれず、以降、自重を心がけることにした。

日本に帰国してみてしばらくは、すれ違う人が皆、のっぺりと平板な顔立ちに見えることに逆に驚いたが、アルメニアの男性が日本に来れば、こうした日本の女性の方が、逆にエキゾチックで魅力的に見えるのではないかとも思う。アルメニアの女性が日本人男性を魅力的と思うかどうかは、どうも怪しいが。

それにしても、ショウウィンドウのような地区を歩いているだけでは、この国の実態はわからない。市街地外周の丘の斜面を埋め尽くす住宅街に、適当に見当をつけて上ってみると、ようやく庶民の世界が現れた。ジョージアと大差ない古くて小さな家々と、路上で遊ぶ子供たち。だがジョージア同様、治安の悪さは感じられない。

ふと見ると、貧しい家並みの上方にアララト山の山頂が見えた。高い大アララト山は標高五一三七メートル、横にある小アララト山は三八九六メートルで、ノアの箱舟が流れ着いたという伝承のある万年雪を抱く双峰だ。現在はトルコ領なのだが、アルメニア人の心の中にいつもそびえる母なる山だという。

この端正で雄大な山容と常に正対してきたことが、ちょっと

露天市で工芸品を売る。ここにも〝アルメニア美人〟

とっつきにくいまでに誇り高い民族性を涵養《かんよう》したのかもしれない。山頂だけではなく全容が見える展望台を探して、いったん丘を下りる。

ACT9. アララト山のように孤高? 孤立するアルメニア

数値で見る経済水準の低さとは大きくかけ離れた、美しく端正な都心街区。行き交う〝アルメニア美人〟。しかし、気安い雰囲気のジョージアとは違ってどこか取っ付きにくい空気が漂い、外国人観光客もほとんど見かけないエレヴァン。家並みの向こうに垣間見えた霊峰アララト山の、全容が見える場所を探す。

市街地外周の丘にある庶民の住宅地で遊ぶ子供たち

南方のトルコを睨む「アルメニアの母」の像

庶民の暮らす東方の丘を下りて西へ、再び都心方向に戻ると、「自由広場」にたどり着いた。大勢の子供が、電動カートやセグウェイのようなものに乗って遊んでいる。そこから真北に向かうと、外周の丘に向けて真っすぐに上る大階段(「カスケード」)が現れた。これこそ、国境の南にあるアララト山と正対する展望用施設に違いない。

現代アートのオブジェがいろいろ展示された中をぐいぐい上っていくと、丘の上の展望台に着いた。残念なことに七月は気温が高すぎるのか、さっきはよく見えた山頂が、今は水蒸気に隠れている。

東方の丘と違い、この北方の丘の上は、大使館などの並ぶ高級住宅街になっていた。一角にある豪邸の写真を撮ったら、突然現れた男たちに「カメラのメモリーを消せ」と要求される。政府高官の屋敷か何かだろうが、別段何か機密が表に見えるわけでもない。国内に軍事紛争を抱えているジョージアは、逆に何かとユルいお国柄で、大統領官邸の周囲をうろうろしても、こういうことはなかった。離れてからもう一度撮影する。

高級住宅街の並びに公園があり、南の市街を見下ろして「アルメニアの母」の像が建っていた。トビリシの「ジョージアの母」の像と同じく剣を抜いた姿だが、より猛々《たけだけ》しい表情で、かつてアルメニア人の土地だったアララト山(今はトルコ領)の方向を向いている。周辺には本物の戦車が置かれ、子供たちがよじ登って遊んでいた。

エレヴァン都心から北側の丘に登る大階段「カスケード」の威容。地下にエスカレータと、現代アートの展示がある

発祥以来コーカサスにとどまり続けたジョージア人と違い、アルメニア人はアララト山の周囲からトルコやペルシャ（イラン）の各地へと、傭兵や商人として拡散して行った。東ローマ帝国ではアルメニア人の軍人が多く活躍し、オスマントルコではアルメニア商人の経済力が重きをなしていた。

しかし事情は、第一次大戦時をピークとしたトルコ領内でのアルメニア人大虐殺（犠牲者数一〇〇万～一五〇〇万人）によって一変する。トルコは「国家組織が正規に関与したことではない」と〝虐殺〟を否定するが、正規の関与のあるなしにかかわらず、無数のアルメニア人が住み慣れた家を追われて流浪し、あるいは行倒れ、あるいは襲撃されて命を落としたという実態には変わりはない。起きたのは、今現在ミャンマーで進行中のロヒンギャ族の追い出しにまで連なる、〝民族浄化〟のさきがけだった。それまで無数の異民族と異教を包含する帝国だったオスマントルコが、民族主義を掲げたトルコ共和国に変わる過程で、富裕なキリスト教徒であるアルメニア人へのその他住民の反発意識が、彼らを古来の居住地から追い出す行動へとつながったのだ。

アルメニアの母の像。トビリシにあったジョージアの母の像よりも、ぐっと軍事色が強い

これを契機にトルコ領内のアルメニア人は欧州や米国に拡散する。時は流れ二十世紀末、アルメニア人居住地区はトルコではなく帝政ロシアに併合されていた。ソ連解体で独立したわけだが（このあたりの事情はアゼルバイジャンと似ている）、当然その後もトルコとの関係はよろしくなく、同じくトルコ系のアゼルバイジャンとは前述のとおり紛争の最中だ。いきおい、トルコの多年の仮想敵であるロシアとは協調する立場となる。

しかもアルメニアは、コーカサス三国の中で唯一ロシアとは国境を接しておらず、ソ連解体後はその直接の脅威を受けていない。ということで国内にはロシアの軍事基地が置かれ、欧州連合（EU）志向のジョージアや、すっかり世俗派ムスリム国家になってしまったアゼルバイジャンに比べ、旧ソ連的な空気が強く残っているわけだ。しかし経済的にもロシアの援助頼みであり、そのロシアが資源安で不景気な今は、苦しくないはずはない。

アララト山に磨かれた美意識と、仲間のいない現実と

カスケードを下り、都心北西端のマリシャル・バグラミャン駅から、都心南のゾラバル・アンドラニク駅まで地下鉄に乗ってみる。拠点をわざと避けたような使いにくい路線設定で、四両編成だったバクーやトビリシよりも短い三両編成。客数もまばらだ。手書きのような路線図は、ひょっとしたら開業時のままか。

「他の二国にあるのだからウチにも」と、旧ソ連時代に身の丈以上の駄々をこねた共産党幹部がいたのだろう。下車すると、アルメニアン様式を踏襲しつつも真新しい、聖グリゴル・ルサヴォリチ教会がそびえ立っていた。

夕方にホテルに戻ってしばらく休んでいたら、遠くの空が明るくなっている。ひょっとしたら、今度こそアララト山が見えるかもしれない。都心を小走りに北上し、息を切らせてカスケードを駆け上がる。

見えた、見えた。双峰をなすアララト山がはっきりと見える。左横にある小アララト山も三八九六メートルと富士山より高いのだが、それがすっかりかすんでしまうくらい、雄大でどっしりした山容だ。チベットの写真で見たような、アジア風の色とりどりの風車のような飾りが、山に向かって揺れていた。

満ち足りて下に降り、たばこ臭い店内を避け、路上のテーブルで、ジョージアワインと並んで世界最古と言われるアルメニアワインと、トルコ料理に似た郷土料理をいただく。

味もたいへんよろしかったが、盛り付けのデザインセンスには驚いた。美しい山に対峙《たいじ》して生き

アルメニアワインとアルメニア料理。トルコ料理に似ているが盛り付けの美しさは特筆モノ

ているこ とが美的感覚を磨き、それが街並みや料理にも反映されるのか。しかし他方で、圧迫され続けた小国としての歴史が周囲への敵対的な態度を生み、孤立した状況を生んでいる。

ジョージアは国内に多数の分派を抱えるが、ロシア以外に外敵はいない。逆にアルメニアは、ナゴルノ・カラバフ紛争でアゼリー(アゼルバイジャン)人を追い出して以降、ほぼ純粋にアルメニア人の国なのだが、かつての侵略者であるロシアくらいしか仲間がいない。かつてトルコにやられて苦しんだ民族浄化を、規模は小さいとはいえ自分もやってしまったわけだが、業の深いことだ。そして今は、本心からの仲間がいないまま、おそらくはアララト山なみの孤峰の気分で佇《たたず》んでいる。

二〇〇〇年以上前から、侵略されても侵略されても消えなかった諸民族の根付くコーカサス。二〇〇〇年を経ても、融合せずに個性を保ち、周囲の大国と、あるいは小国同士の間で争いを続ける。一〇〇〇年後にも二〇〇〇年後にも続いていそうな因果の連鎖を感じつつ、平和でのどかな大国・日本への帰国の途に就いた。

料理と同じく奇麗なデザートのババロア。そのまま銀座で出しても人気の出そうなビジュアルと味

藻谷さんに聞く「私の旅の極意」

本書は毎日新聞のインターネットサイト「経済プレミア」で二〇一七年四月から連載が始まった「藻谷浩介の世界『来た・見た・考えた』」が初出です。連載が始まったいきさつや、毎回どんなことを考えながら書いているのか、さらには藻谷流「旅の極意」などをインタビューしました。（聞き手＝毎日新聞デジタルメディア局経済プレミア編集部・平野純一）

——「藻谷浩介の世界『来た・見た・考えた』」は、多くの人から「内容が深くてすごい」という声をもらっています。

藻谷　そう言っていただけるとうれしいですね。この連載は、前職のエコノミスト編集部の時にもお世話になった平野さんから、「ネットに何か書きませんか」と声をかけてもらったことがきっかけで始まりました。

私は、二〇〇五年十月から一年間、全五十回、「週刊エコノミスト」に「実測！ニッポン経済」という連載を執筆しました。人口要因が日本経済に大きな影響を与えることを示し、都道府県ごとや産業ごとの実態と問題点をあぶり出したものです。当時はまだ日本政策投資銀行に在籍していましたが、その時に担当編集者としてお世話になったのが、デスクの平野さんとその部下の乾達さんでした。私にとっては初めての連載で、要領もよく分からず、お二人からいろいろと指導してもらいました。

エコノミストでの連載は、一回の原稿の執筆に平均十三時間かかりました。週刊誌で連載を持つことはこんなに苦しいことなのかと、心の底から思いました。毎週、毎週、本当に死ぬ思いだったのです。

この連載は後に、日本経済新聞出版社から「実測！ニッポンの地域力」として本になりました。「地域力」はその時の編集者が考えてつけてくれたものですが、今では一般名詞のように使われる言葉になりました。さらに「実測！ニッポン経済」の総論部分で示した、人口要因が日本経済に決定的な影響を与えるという内容が「デフレの正体」の執筆につながっていきました。

おかげさまで「デフレの正体」は五十万部を突破するベストセラーとなり、その後、新聞や雑誌などさまざまな媒体で執筆したり、テレビに呼ばれたりして、私の名前も世の中で知られるようになりましたが、そのすべての始まりは、週刊エコノミストで連

著者近影（中村藍撮影）

載した「実測！ニッポン経済」にあったのです。やはり、「連ドラに一度出てみる」というのは重要で、この連載で私にも「演技の基礎」のようなものが身についたわけです。そして、毎週泣きそうになりながらも何とか五十回の連載を無事書き終えることができたのは、平野さんに毎回、「これは面白い、本当に面白い」と言ってもらったことも大きかったのです。

――私はお世辞で言ったわけではありません。心底面白かったのです。今でこそ皆「人口減少、少子高齢化が大変」と言いますが、〇五年時点であそこまで人口に注目して日本経済を分析したものはありませんでした。

藻谷　そうです。いや、今でもないんです。そこで、平野さんから「何か書きませんか」と言われて、私は忙しい生活を送っていることは事実で、断りたいという気持ちもあったのですが、しかし「一宿一飯の恩義」は返さなければならない。これは大事なことです。それと同時に、この人が担当だと「また面白がってくれるだろうな」と思ったのです。それで、ではやってみるかと思い、「海外の見聞記ならいいですよ」と言いました。

　ネットで書く見聞記なら、週刊エコノミストでの「実測！ニッポン経済」よりは字数が少ないし、緻密な経済分析よりはやはり書くのは楽です。幸いにして、これまでに訪れた国の写真が大量にありましたし、書くネタはいくらでもありました。

――私もお願いしてみて、こんなにすごいものがたくさん出てくるとは、と驚いているのです。

藻谷　私はこれまで世界九十カ国を訪れていて、まだまだたくさんストックがありますし、これから行こうと計画している国も多数あります。だからネタは尽きることはありません。どんな国でも行けば必ず新しい発見があります。現地に行ったからこそ分かる新しい発見を読者の皆さんにお届けできると思います。

自分の目で見た「二十一世紀地政学」を書く

――藻谷さんがこれまで紹介された国は、どこも興味深いことが書いてあります。

藻谷　多くの人は聞いたこともないような国の話も書いてきました。ですがどの国も、日本と同じく二十一世紀に存在する人間社会です。日本とはどのような国なのか、これからどうなるのか、未知の外国はその予言書のような、あるいは反面教師のようなもの。異国の街歩きは、「あれっ?」という驚きに満ちた、どんな読書よりもエキサイティングな学びの宝庫なのです。

もちろんせっかく多くのことを勉強しても、帰ってきてしばらくすると忘れてしまう。ですがこの連載のように文章にしておけば、気づきを残すことができます。しかも「書いてみて初めて、気づき直す」ということがあるのです。読者にわかってもらうには、何に「あれっ?」と思ったのか、きちんと言葉に直さねばなりません。ばらばらに目撃した事象を自分の頭の中でつなげ、地理的、歴史的な背景も踏まえて整理することでようやく、「ああ、そういうことだったのか」と認識できるわけです。これは非常に楽しい作業です。街角の景色を見て「あれっ?」と思うわけですから、メモの代わりに写真を撮ります。行く先々で撮った大量の写真を見て思い出しながら、この連載を書いています。

——写真はどのようにして撮っているのですか。

藻谷　使うのはコンパクトデジタルカメラです。一眼レフカメラと違って片手で撮れるし、スマホよりもデータの整理が簡単です。ときどき載せている地元の人たちの写真は、近くからのものはきちんと許可を得て撮っているのですが、遠目のものは無断で、片手でさっと撮っているのです。失礼かもしれませんが、両手で構えて気づかれて撮ったら、さらに不快感を与えますからね。

——歴史に関する記述がふんだんに出てきますが、どのようにして調べているのですか。

藻谷　当方の基礎知識をベースに、ガイドブックの歴史記述やウィキペディアほかのネット情報も、うのみにしない程度に参考にしています。話が不明確な場合や、数字が複数ある場合には、セカンドオピニオンを探し、その上で一応この範囲であれば確かだろう、ということだけ書くようにしています。

世界にたくさんある「定点観測」したい場所

——この連載のいいところは、すべて現地で、自分の目で見て感じたことが書いてあることです。だから、文章にリアリティーがあります。

世界のすべての国に行くことを目指しているのですか。

藻谷　それは子供のころの夢なのですが、人生に残された体力と時間から考えれば残念ながら、いわゆる〝崩壊国家〟は避けるべきでしょうし、難度の高い西アフリカ諸国などの制覇も無理ですね。首都にだけ行って、ホテルの外は見ずに帰って来れば可能かもしれませんが、それでは意味がありません。それよりも、かつて住んだことのあるシンガポールやニューヨーク、シアトルをはじめとして、世界各地に数十カ所置いている「定点観測点」を繰り返し回る方が、この二十一世紀の世界は二十世紀とどう違うのか把握するのに役立ちます。中国やインドのように、全貌をつかむにはまだ何度も訪れなくてはならない国もありますし。

二十一世紀は二十世紀とどう違うのか。二〇一七年十月三十日、十一月六日に掲載したパナマを例に取りましょう。この国の資金源はパナマ運河ですが、それを侵略から守るべき軍隊を持っていません。ちなみに西隣のコスタリカも軍隊を持っていない。なぜでしょうか？　二十一世紀の世界では、誰もここを侵略しようとしに来ないからです。そもそも軍隊を抱えるコストは膨大なのですから、抱えなくて済むのなら、抱えない方が合理的ですよね。

第二次世界大戦は、化石燃料の産地や交通の要衝の争奪戦でした。ですが、化石燃料の出ない日本が戦後に大発展し、世界最大の原油埋蔵量を持つと言われるベネズエラが南米の最貧国に陥りつつある現実をみてもわかる通り、資源は買えばいいのであって、それよりも平和を前提とした貿易システムの中で勝者にならねばならない。そのためには、資源地帯だの交通の要衝だのを占領して経済制裁を受けては元も子もない。だから米国は占領地からは基地を除いて撤退しますし、中国も無人島や租借地での拠点構築はしますが、有人領土の侵略はしません。今の日本には、二十一世紀のこういう歴史的、地政学的変化を、理解できていない人があまりに多すぎます。これからも、世界各地の現場から現実を訴えていきたいですね。

「〝犬棒〟能力」を発揮してその国を知る

地理は歴史の微分、歴史は地理の積分

――ところで、ネットの連載には藻谷さんの無類の地理好きが生かされていますね。

藻谷　私は大学時代に自転車部に入って、日本全国を走り回りました。人力で地をはいながら、その土地土地の郷土史を学び直し、地形や気候という地理的事象が、近代化以前の交通や経済にいかに大きな影響を与えていたかを学んだのです。古代ギリシャの歴史家へロドトスは「地理と歴史は表裏一体」と語ったそうですが、まさにその通りでした。私なりに言い換えれば、「地理は歴史の

微分、歴史は地理の積分」です。地理は未来に続く歴史の現時点での断面であり、歴史はその時代の地理が積み重なってできているのです。

地理を考えないと歴史の把握も難しくなります。たとえば邪馬台国論争ですが、魏志倭人伝の順路の記述は、対馬—壱岐—松浦郡—糸島郡—博多湾まで地理の教科書のように正確なのに、その先はまったくアバウトになる。もし邪馬台国が大和だとすると、なぜその途中にも数十はありそうな国への言及がほぼないのか。大阪湾から大和まで陸行一カ月というのも無理がある。つまり博多から先の記述の信頼性はがぜん低いわけですが、地理感覚なき文献史学では、博多までと区別なく金科玉条と扱ってしまいがちです。

逆に歴史を勉強していない人が外国に行って書くことは、「建物がこんなにきれい」とか「ご飯がこんなにおいしい（あるいはまずい）」とか。どうしてこのような建築物が建っているのか、どうしてこのような料理が生まれたのかという歴史的な経緯にまったく触れていない文章は、読んでいて面白くないのです。

「気づく力」があるかどうかが大切

——藻谷さんは行く先で「必ずここは見る」というところはありますか。

藻谷　それはありません。「ない」というところが逆に私の特徴だと思います。強いて言えば観光都市よりも先に首都、博物館や史跡よりも駅や広場や商店街、ということですが、必ずそうしているわけでもありません。何を見るべきかなどの予習はせずに、歩いて行く方向を直感で決め、歩きながら見たままを感じるのが基本です。実際、この連載では毎回違うテーマに出合って掘り下げていますよね。

こういう歩き方に必要なのは、私が名付けたことですが「〝犬棒〟能力」です。「犬棒」とは「犬も歩けば棒に当たる」のこと。うまく棒に当たるには、偶然を超えた〝能力〟が必要です。どっちの方向に歩いて行くのが勉強になって面白いのか、直感を鍛えるわけですね。もし、大事な場所を見逃すとすれば、それは「〝犬棒〟能力」の研鑽《けんさん》不足と思ってあきらめます。多年鍛えてきたおかげでしょうか、ガイドブック通りに名所を巡るよりも、より多くのことに気づきます。

――それは面白い考え方ですね。

藻谷　情報過多の時代には、珍しいやり方かもしれませんね。ですが、予習したものが実際にそこにあるのを確認して写真を撮るだけ、の方がよほど得るものがないでしょう。私はよく各地の有志に呼ばれて、日本の地方都市や里山や、たまに海外で一緒にまち歩きをするのですが、歩きながら気づいたことを話し続けると、地元の人に驚きつつ喜んでもらえます。このまち歩きは「ブラタモリ」より前からやっているのですが、〝ブラモタニ〟と呼ばれています。

つまり「〝犬棒〟能力」とは気づく力でもあるのですね。その際のコツは、「なぜここにこんなものがあるのか」と、頭を素にして考えること。そしてそれ以上に、「なぜここには、他所にはある〇〇がないのか」と考えることです。あと、強いて言えば、インフラのメンテナンスの状態は、国情をよく反映するのでチェックします。また、政府が外国人に見せたがる、劇作家・評論家の山崎正和の言葉を借りれば「グラマラス」な場所と、その対極にある庶民の住む場所を比較するようにしています。

現地の人と話して情報をより深く

――イギリスのチェスターで出会ったレストランの白人女子学生の話はおもしろかったですね。彼女は「ロンドンなんて行きたくない」と言っていました。

藻谷　私は日本語以外は英会話しかできませんが、相手も英語が話せるのであれば、得られる情報量は飛躍的にアップします。連載の中ではいちいち誰と話したとは書いていませんが、行く先々で機会をとらえては、英語を解する現地の人と会話をします。ジョージアでも、ホテルの朝食の時に二時間もアメリカ人と話していました。彼が言うには「ジョージア人にはいまでもスターリン（ジョージア出身）が好きな人がいるよね」。

スターリンはむちゃくちゃな強制移民を行いました。コーカサス三国を書いた時にはまだ気づいていなかったのですが、後日ネットをいろいろ検索していて、コーカサス北麓のロシア・チェチェン共和国の首都グロズヌイから、中央アジアのキルギス共和国の首都ビシケクに、週に一便直行便が飛んでいることを発見しました。

「アナロジー」を考えて将来を見通す

――すごいところまで見ていますね。

藻谷　グロズヌイ－ビシケク間の航空便なんて、誰が乗るのか？　ビシケクと隣国のウズベキスタンの首都・タシケントとの間にすら直行便はないのに。推理するに、北カフカス系の孤立言語を話すチェチェン人が、スターリン時代にキルギスに強制移住させられたのでしょう。今でも親戚関係が残っているので、この二都市の間に流動があるのではないでしょうか。そう思って地図を見ていたら、キルギスの西端にグロズヌイと読める町も見つけました。

この推理は、かつて飛んでいた宮崎－高知便の存在理由からの類推です。宮崎に行った時に、「高知県民と宮崎県民の間には親戚が多いんだよ。宮崎には高知から移住してきた人が多いから」と聞きました。宮崎市は県庁所在地で唯一、江戸時代には何もなかったところが発展した町です。ですから戦前には、高知から多くの移住があったのですね。ですがその宮崎－高知便は、代が重なって親戚関係が薄れたことで、今はなくなりました。ということは、同じような構造で成り立ってきたグロズヌイ－ビシケク便も、いずれなくなるかもしれない……と考えが及ぶわけです。

ここで重要なのは「〝アナロジー（類推）〟による〝構造〟の比較」です。文化人類学や言語学の手法ですね。異なった場所で目撃した事象の背後に、共通する構造を導き出せれば、いま起きていることの将来を見通す能力が身につくのです。

暗記の知識より構造を理解する力

――それを可能にするには、ベースとしての幅広い知識が必要ですね。

藻谷　まあそうですね。それはある程度は必要です。ですが、暗記勉強ばかりしてきた日本の〝知識人〟に不足しているのは、知識という名のテキスト情報ではなく、類推を通じて情報に縦横に串を刺し、全体の構造を把握する訓練です。それは「デフレの正体」を書いている時にもつくづく感じました。「歴史は繰り返す」というのは、まったく同じことが繰り返されるということではなく、同じ構造が繰り返し再現されるということです。過去の出来事から構造を理解すれば、未来の出来事も予測できるわけです。ぜひ、私が現場経験から推理してきた、二十一世紀の世界の構造を読み取ってください。

ネットを駆使した効率的旅行スケジュールの組み方

五十歳を機に「海外の予定を先に入れる」

――さて少しテーマを変えて、これだけ世界を飛び回っている藻谷さんに、旅のノウハウをお聞きしたいと思います。

藻谷　まずは旅行時間の確保です。おかげさまでいろいろなところから呼んでいただいて、ここ十年近く、全国で毎年五〇〇回もの講演をこなしてきました。ですが二〇一四年にラオスに行った時を機に、「外国に行くスケジュールを先に押さえてしまう」という生活に変えました。

当時私は、ちょうど五十歳でした。体力のさらなる低下を自覚する中、このままの講演行脚を続けていると、行きたい国にも一生行けなくなると気づいたのです。二〇一二年の転職で、出社も会議への出席も一切しなくてすむ立場になっているのに、他人を管理することも他人に管理されることもない気楽な身分なのに、私はいったい何に縛られているのかと。

――藻谷さん流の旅のスタイルはどんな感じですか。

藻谷　私は、列車や飛行機に関しては、「夜行でない限りは、どれだけ乗って移動しても疲れない」という特技を持っています。乗っている間は完全にリラックスモードに入ってしまうのです。車窓を見るのでなければ、たいていはパソコンを打っています。映像、音、においなどの刺激に弱い体質でして、普段から映画もＴＶも見ませんし音楽も聴かないので、飛行機の中でも、ただただメールを返して、原稿書きや講演資料作りと〝無限〟にある仕事に没頭できます（笑）。

ですから、昼間であれば長距離便でもエコノミークラスでまったく構わないのです。ですが、夜はよく寝なければならない体質でして、夜行便の場合は首回りがきつい。その点、席がフラットになるビジネスクラスで眠れることは大きいですよね。もういい歳なので、肝心の現地で疲れて動けなくなってては仕方がありません。ということで、夜行便にはなるべくＪＡＬやＡＮＡを使って、アップグレードしています。

問題は南米で、米国やメキシコ市で乗り換えて、そこから先はアップグレードできない航空会社でさらに十時間はかかりますから、夜行のエコノミーを避けるのにはひと工夫必要です。ＪＡＬやＡＮＡで予約するのは米国ないしメキシコまでとして、その先はアビアンカ航空（コロンビア）かラタム航空（チリ）の昼行便を別途手配しますね。ありがたいのは韓国のアシアナ航空の中央アジア線。仁川国際空港乗り換えになりますが、ビジネスクラスに乗っても往復二十万円くらいなので、喜んで払いました。

風呂の中でスマホを使って旅程を考える

——マイルもかなりたまったでしょうね。

藻谷　マイルは主に国内線利用の方でたまるのですが、アップグレードや親孝行に使ってしまいます。ＪＡＬもＡＮＡもダイヤモンドメンバーになったので、ワンワールドないしスターアライアンス加盟の航空会社を使う際にラウンジを使えるのは便利です。スカイチーム加盟の航空会社を利用する場合にはダメなのですが。

――航空券はどのようにして買うのですか。

藻谷　一〇〇％、乗る航空会社の自社サイトで買ってクレジット決済しています。よく知らない外国航空会社に乗るのにちゅうちょする人がいますが、自社サイトがきちんとしている会社であれば、乗って不愉快になったことはありません。

路線や時刻の下調べには、「フライチーム」という非常に優れたサイトを使います。世界中の空港の間で、いつどこからどこに定期フライトが飛んでいるのか、すべて調べることができますから実に便利です。前回お話ししたロシア・チェチェン共和国のグロズヌイ－キルギス共和国のビシュケク間のフライトの存在も、これでわかりました。このサイトはスマホでも見られますので、私は入浴時に浴槽につかりながら、「ここここを組み合わせることができるのか」「この場合にはここで乗り換えるのがベストだな」などと、いろいろ研究しています。その過程なくして、効率的なスケジュールを組むことはできませんし、何より楽しいのです。

宿は、途上国のカバー率の高いブッキングドットコムで、値段、場所、ユーザー評価、キャンセル料の有無などを勘案しながら決めます。どこに宿を取るか、中心街か空港近くかは、効率的な旅行にはとても重要なポイントです。

飛行機に乗るとき荷物は預けない

――長い旅行になっても決して飛行機に乗る際に荷物を預けないとか。

藻谷　預けません。どんなに長い行程でも、機内持ち込み可のバッグ一つとリュックサックに荷物を納めます。荷物を預けない方が空港での動きが断然早く、突然のトラブルで飛行機が飛ばなかったりした時などの対応も楽になります。連載では書きませんでしたが、スリランカに行った後にインドのチェンナイに行こうとしたのです。ですがチェンナイにサイクロンが来たために一度乗った便は運行取りやめとなり、機内食を食べてから降ろされました。

その後、チケットの発行し直しのためものすごく長い列に並ぶ羽目になったのですが、これがインド的混沌《こんとん》の最たるもので、列がまったく前に進まない。たまたまスリランカのビザがマルチプルビザ（数次ビザ）だったので、見切ってもう一度スリランカに入国し、ホテルも航空券も自分で取り直しました。もし荷物を預けていたら、それを戻してもらうのに、列に並び続けなければならないところでした。

ビザは自分で大使館に行って取る

――ビザの取得でノウハウがあったら教えてください。

藻谷　そもそもビザの必要な国は多くはありません。その中でも、豪州や連載で紹介したスリランカのようにネットで取れる国もありますし、同じく連載で紹介したアルメニアやアゼルバイジャンのように、「アライバルビザ」を到着した空港で取れる国も多いのです。

それでも大使館に行って取らなければならないケースは、すでに連載した中ではロシアやミャンマー、これから書く国としては、ブラジルやインド、ラオス、バングラデシュ、ウズベキスタンなど、そこそこあります。ですがこれは東京にいることのありがたさで、大使館にすぐに行くことができます。

大使館がどんなところか見るのも面白いものです。ブラジル大使館もロシア大使館も、予想に反してフレンドリーな対応をしてくれました。ブラジルの担当女性はチャーミングで日本語ペラペラ。ロシア大使館ではイケメンの細面のお兄さんが、たいへんジェントルに対応してくれました。こういうことも自分で行ってみて初めてわかることです。どの大使館も受付時間が午前だけとか短いので困りますが、その中でも早い時間は、出張のビザ取得の代行をする旅行代理店が集中するので、終わりの時間の少し前に行くのが合理的ではないでしょうか。

これからもニッチな国を紹介

——連載の方は週一回で大変ですが、手持ちの材料は多そうですね。

藻谷　過去のストックも多いですし、今後もさらに訪れる国がどんどん増えていますので、これからも続々と、なかなか行けない場所や、なかなか行かない場所を紹介していきます。皆さまが興味をもってくださるかは疑問ですが（笑）。でもこの連載は、大衆受けすることを狙っているわけではまったくありません。自分の考えを整理して記録として残すことがまずは大きな眼目としてあります。それを紹介して、おもしろいと思って読んでいただければ望外の喜びです。ですからこれからますますニッチな世界に入って行くつもりです。ご期待ください。

第4章

スリランカとミャンマーを巻き込む、インド対中華の地政学

中国とインド。古代文明発祥時から二十一世紀まで、同じ場所で連綿と歴史を紡いできた世界史の両巨頭であり、現代世界最大の巨大人口国家でもある。そこまで大きいということは、これまでに無数の周辺地域を自国に取り込んできたということだ。

両国の周囲に残るのは、これまで取り込まれなかった、つまりそれだけ強固なアイデンティティーを持つ国々だ。だがそこにも、中華文明、インド文明の重力波は及ぶ。場所によっては、二つの波が干渉して、より複雑な絡み合いが発生する。間に挟まれたネパールやブータン、あるいはチベットが典型だろうが、スリランカとミャンマーでも両文明圏のせめぎ合いが生じているというのは、行って見て改めて気が付いたことだった。

ACT1．一度もインドに支配されなかった、もう一つのインド

大陸の大国の横で、小さな島国が独立している場合、そこには何か歴史的、文化的に独特な事情がある。中国に対する日本、大陸欧州に対する英国、ASEAN諸国に対するシンガポールと、地政学的位置の類似する存在を挙げていくと、「インドに対してはスリランカ」だと思い当たる。四半世紀続いた内戦が二〇〇九年に終結して後、あまり報道されなくなったこの国は、何がインドと違っていて、そして今はどうなっているのだろう？

そして、そう思いながら行って見て気付いた、中国との関わりとは？

仏教国として今に残るスリランカ

二〇一六年十二月。その年最後の海外ショート・トリップの行き先にスリランカのコロンボを選んだ筆者は、電子申請したビザでスムーズに入国を済ませ、バンダラナイケ国際空港からコロンボ市内に向かうエアポートバスに乗った。一人当たり国内総生産（一人当たりGDP）ではインドの二倍だがまだまだ途上国。バスは一時間の乗車で運賃は一五〇スリランカ・ルピー（一〇〇円少々）と格安だ。

インド系の顔立ちで席が埋まる中、よれよれのサリーを着た白人女性が隣に座ってきて、メモ帳にさらさら英語を書き付け、目を見開いて「読め」と促す。後でわかったのだが、彼女は南インドにあるヒンズー教系の教団の信者で、教祖の指示か何かで「無言の行」を続けているらしい。当方は口頭で、向こうは筆談で会話した。

米国出身の彼女は、住んでいたインドから逃げ出してきて、これからコロンボにいる知り合いを頼るのだという。インドではモディ政権が突然に高額紙幣を廃止したことで銀行機能がまひし、インドの庶民は預金が引き出せずに困窮しているというのだ。

日本ではあまり報道されなかったこの騒動。しかし長い歴史を通じてスリランカには、インドから彼女のような人が綿々と流れ込んで来たことだろう。インド南部との間の海峡は数十キロ幅にすぎないのだから。

スリランカの伝説では、紀元前五世紀に、現在でも国民の七割を占めるシンハラ人（アーリア系）が渡来、先住のヴェッダ人（オーストロアジア系）を圧倒して王国を形成した。ほどなくして南インドの多数派であるタミル人（ドラヴィダ系）も流入を始め、インド洋でアラブ商人が活躍した時代には、「三大陸周遊記」のイブン・バトゥータや「東方見聞録」のマルコ・ポーロ、明代の鄭和の大船団も来島したという。

その後ポルトガルの支配、オランダの支配、英国の支配を経て、第二次大戦後に共和国として独立したのだが、その間結局一度もインドに統合されることなく、各時代に世界各地から来住した者たちの子孫が層のように積み重なってすみ分ける国となっている。

というようなことを思い返しているうちにバスは、雑踏する露天市場の中のバスターミナルで止まった。ここはいったいどこか？　当時はスマホを持ち歩いていなかったが、屋上に大きな露座《ろざ》の仏像を乗せた建物があったので、ガイドブックの地図上で現在位置が確認できた。

インド亜大陸は、ヒンズーとムスリムの混住地だが、スリランカは圧倒的に仏教国である。釈迦《しゃか》

「ここはインド」と言われてもわからない感じの、コロンボ駅付近の街路

本人が三度も来島したという伝説があり、街頭の随所に仏像が据えてあるのはちょうど日本の地蔵さんのようだ（当地の像の方がずっと大きいが）。

寺院に行ってみると、仏像の周囲にヒンズーの神々の像もまつられており、仏陀《ぶつだ》をヒンズーの神々が守護する構図である。四天王や十二神将が如来や菩薩《ぼさつ》を守護する日本の古刹《こさつ》と同じだ。

ちなみに古代の朝鮮半島南部にあった伽耶《かや》国には、スリランカから王女が嫁入りに来たという伝承があり、そのすぐ先の日本との間にも、文字に残らない交流があったかもしれない。

インドよりもインド的なスリランカだが、そのインドとの関係は？

その後一日歩き回った印象を一言でいえば、スリランカ旅行はインドやバングラデシュに行く前の入門編としてちょうどいい。

街並みも人の外見もインドそのものだが、渋滞はずっと少なく、喧噪《けんそう》もワンランク小さく、しつこい客引きもおらず、料理は何でもカレー味だが激辛ではなく、万事がマイルドだ。

象も同じで、日本の動物園にも多くいるスリランカ象は、インド象より一回り小型で温厚だ。コロンボ市南部のデヒワラ動物園に行ってみたが、設備といい、お客さんの雰囲気といい日本の昭和四十年代を思い出させる中、雌象四頭による芸は見事なものだった。

文化は辺境に残るといわれる。インド南部には意外に古代遺跡が少ないが、スリランカには、そびえ立つ巨岩の上に建設された五世紀の城塞《じょうさい》都市シギリヤを筆頭に、六カ所の世界文化遺産があり、インド古代文明の栄光を今に伝えている。

「中国では消え去った唐王朝盛時の雰囲気が、奈良の寺院群や正倉院に凍結保存されている」と、ある中国人が語っていたが、インド人もスリランカで同じような感慨を覚えるかもしれない。

スリランカとインドの現在の関係は、しかし、なかなか微妙なようだ。何より驚いたのは、空港の両替所にインドの通貨(ルピー)との交換レートが表示されていなかったことだった。これを日中関係になぞらえれば、日本の国際空港で円を中国元に両替できないというような状況である。

インド行きの便はたくさん出ているというのに、つまりはよほど両国の関係に問題があるということなのか。現場のこのような実態の背後にある、複雑な経緯に思いを巡らせる。

高級レストランで食べたカレー味の炒め物、カレー味のサラダ、バターを練りこんだロティ(うまい!)、ジンジャービール(ノンアルコール)

ACT2．スリランカで出くわした、中国「一帯一路」の現場

二〇一六年最後の海外ショート・トリップで、スリランカのコロンボを訪れた筆者は、「インド入門編」とでもいうべきこの国の歩きやすさを堪能する。

しかしスリランカの六十倍以上の人口を擁する「お隣の超大国」インドと、スリランカの関係には微妙なものが感じられる。そのインドと対抗関係にある中国を、「敵の敵は味方」と歓迎した結果が、また問題を引き起こしているようだ。

コロンボの中心部にできた中国の租借地

筆者が宿を取ったのは、インド洋に面したフォート地区だった。かつてポルトガル人が要塞《ようさい》を築いたコロンボ発祥の地であり、現在も政府機関と軍隊が置かれていて、店や人家は少ない。海辺まで出てみると、以前はビーチだったところが広く埋め立てられ、立ち入り禁止になっているのに気がついた。

その横に、一九六〇年代に国威発揚のために造ったという感

動物園名物の象の芸

じの、武骨なコンクリート造りの仏塔がそびえている（口絵）。入り口で靴を脱ぎ、横に建てられた階段棟を裸足でぐるぐる歩いて上り、高所恐怖症の方にはお勧めできない連絡橋を渡って、展望階に入る。

眼下にはガントリークレーンの並ぶコンテナ港。そしてその南横に先述の立ち入り禁止埋め立て地が広がり、さらにかなり南に下がったところに延長一キロほどのビーチが残されていて、そこだけが市民の憩いの場になっていた。誰がなぜ、こんな無残な埋め立てをしてしまったのだろうか。

筆者は予習せずに現地に行き、仕込みなしに歩き、「犬も歩けば棒に当たる」ことにこだわっている。今回も帰国後に偶然読んだ新聞記事で、くだんの埋め立て地が中国による租借地であることを知った。

かつて英国に香港を九十九年間租借させた中国が、立場を入れ替えてスリランカ政府から当該海岸部を九十九年間租借し、国際貿易港を核にしたウォーターフロント都市開発を行っているのだという。二〇一四年十一月に中国が発表した、一帯一路構想の重要プロジェクトの一つ、ということ

コロニアル調の建物と超高層ビルが混ざる、コロンボのフォート地区の遠望

に違いない。
インドと対立し中国との友好を深めた前ラジャパクサ政権が、身の丈を超えた高速道路建設などで中国に対して作った多額の借金のカタに、そういう話をのまざるを得なかったらしい。時代劇の悪代官ではあるまいに、何とも強欲な話であり、現シリセナ政権はそうした裏のない正直者・日本を再評価しているという。

日－中－米よりはるかに抜き差しならない、スリランカ－印－中の関係

そう聞けば、「中国はスリランカにまで領土獲得の手を伸ばしているのか」と騒ぐ人がいるかもしれない。だがスリランカ人の身にもなって欲しい。彼らの現実の脅威は、彼方《かなた》の中国ではなく、過去二〇〇〇年以上にわたって、真横のインドであり続けているのだ。

人口二〇〇〇万人のスリランカの国民の七割はアーリア系のシンハラ人で、その多くが仏教徒だが、日本語に文法が類似したタミル語を話すタミル人も四〇〇万人ほどいる。彼ら

仏塔から見える造成地が中国の租借地。奥に見えるクレーンはスリランカの貿易施設

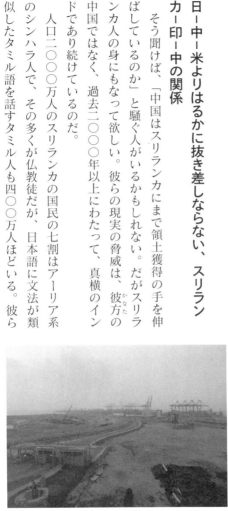

は主としてヒンズー教徒で、しかも同族がインド南部に七〇〇〇万人も住んでいる。ヒンズー教の盛んなインド本国では仏教がほぼ衰亡してしまったことから、シンハラ人には「スリランカは正統を受け継ぐ仏教国である」という意識が強い。だがタミル人も、早くは二〇〇〇年以上前から当地に住み始めているのだから、立派に国民である。

英国は植民地支配時代、人種対立を統治に利用すべく少数派のタミル人を優遇した。その反動で独立後の政権はシンハラ語と仏教を優遇したが、それが最もインドに近いジャフナ半島を拠点とした、タミル人武装ゲリラの蜂起につながる。

四半世紀に及ぶ内戦は、二〇〇九年に政府側による完全鎮圧で決着し、タミル人は結局のところ自治権を得られなかった。スリランカ国内の二十倍近い数のタミル人を抱える隣の大国・インドにしてみれば、この結果は面白くはないだろう。それに対してスリランカは、インドからの圧力を陰に陽に感じて反発する。

この事態を日本に移し替えて、喩《たと》えとして説明するならば、広東《かんとん》語の話者が紀元前から第二次大戦中までの間に西日本各地に移住してきて国民の二割（二六〇〇万人）にもなり、その一部が自治

租借地の南には市民に開放されたビーチが残る

権を求めて、最近まで武装闘争を展開したというようなものだ。日中間の尖閣問題の比ではない複雑さ、深刻さである。

そんなスリランカにおいて、ヒマラヤでインドと国境紛争を抱える中国が港を租借することは、インドへの大きな牽制《けんせい》となる。貿易特区を造るという話で、軍事利用はしないという約束らしいが、仮に本当だとしても、一帯一路構想に誘われても参加していないインド政府にとっては、ずいぶんと不愉快なことだろう。スリランカからすれば、インドの鼻を少しだけでも明かしたということになる。ただしそのために、政府の中枢機能の集中するフォート地区の真横を貸渡すべきかと言えば、それはそれで極端な話であり、国内で国民の批判が高まっても不思議はない。

それはそれとて、中国がこの租借地を根城にスリランカを侵略するということはありえない。港さえ自由に使えれば、中国にスリランカのその他の部分はまったく必要ないからだ。領域の拡大が必然だったのは、過去の話だ。古代ではないので奴隷は必要ないし、産業革命前の農業社会ではないので農地も必要ない。むしろスリランカ自体が経済的に栄えて、中国製品をどんどん買ってくれて、中国資本の投資先になってくれた方がいい。帝国主義時代までは普通に行われていた他国の侵略は、二十一世紀には政治的、経済的に意味をなさないのである。

ここが手狭になった場合に中国が、沖合いに派手に埋め立て地を広げるとか、また何かの理由をつけて別の港を租借しようとするとかいうことはありうるかもしれない。だがいずれにせよ中国は、租借地の横にあるスリランカ政府の中枢機能の集中する地区を侵略などはしない。そんなことをすれば、国連を巻き込んだ大騒ぎを惹起し、その結果国際制裁でも招けば、貿易で食べている中国の経済は甚大な損害を被ることになる。

　ここでのインドを中国に、中国をアメリカに置き換えれば、スリランカで起きている以上のことが日本でも起きていることがわかるだろう。日本の領土内に米軍は基地、兵舎、通信施設などすべて合わせると七十八施設、約二億六四〇〇万平方メートルの敷地を持っている。都内でも、六本木など七カ所に軍事施設があるのだ。しかもそのことを、中国（や北朝鮮）への牽制《けんせい》手段として歓迎する向きは、日本の右寄りの皆さんの間に近年ますます強まっているではないか。歓迎しているということは彼らも、まさか米軍が基地を根城に日本全体を侵略するなどとは、夢にも思っていないのである。もちろんその通りで、米国に基地以外の部分の日本を占領する政治的、経済的意味などない。だからこそ、一時占領していたものをサンフランシスコ講和条約で返還したのだ。

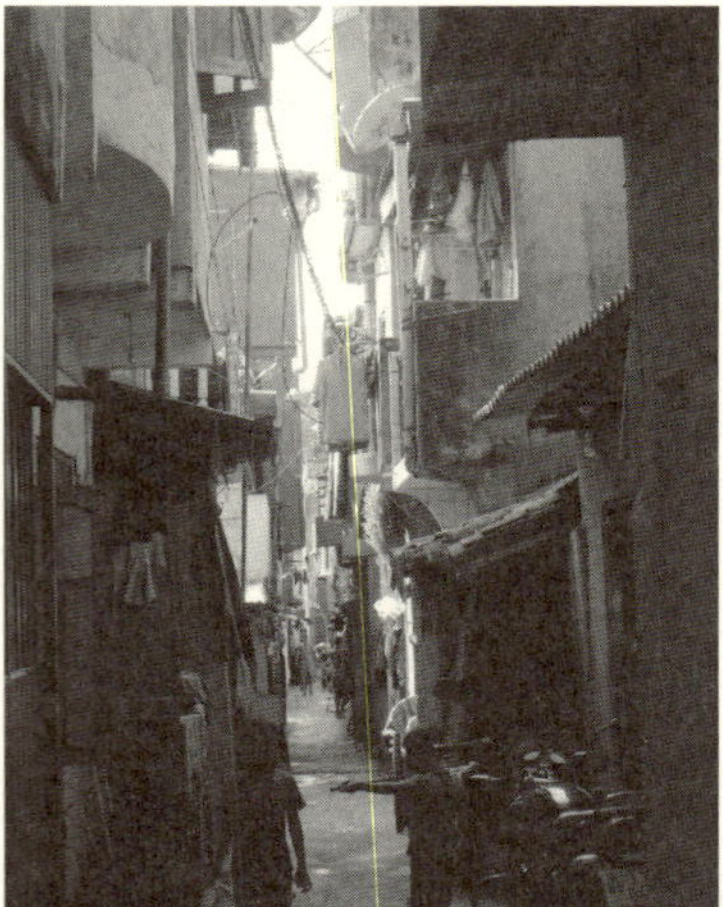

近代的なビルの合間には貧困者の居住地区が残る

「中国の領土的野心」を恐れ、在日米軍基地の存続を願う人物が、中国のスリランカでの拠点構築を批判するとすれば、それは自己矛盾でしかない。少なくとも中国からそのように反論されれば、言葉に詰まるだろう。スリランカや日本を批判できるのは、国内に他国の拠点を持たない完全に自立した国だけだが、そういう国は「古代から続く巨大な国の横にある小さな島国」というような地政学的位置にないだけかもしれないわけで、それだけで威張れたものでもない。そうした島国は、過去に飲み込まれなかっただけで大したものかもしれないのだ。

常に双方からの目、さらには第三者の目を持たなければ、物事の全体像は見えない。そしてそのためには、国外に出ていろんなことに気づき、現地の視点から日本と世界を眺め直してみることが必要だ。

短い滞在を終えて乗ったチェンナイ（南インド最大の都市）行きの飛行機は、インドから来ていた男性の出稼ぎ労働者で満席だった。両国が豊かになり、この線も東京―香港便のように色とりどりの観光客で満たされる日が来るのか、先はまだまったく見えない。

ACT3．急発展のミャンマー　昭和と中世と二十一世紀が共存

アウンサンスーチー氏率いる国民民主連盟（NLD）が、半世紀以上も続いた軍政に替わって政権に就いたミャンマー（旧ビルマ）。しかし少数民族ロヒンギャに対する人権弾圧のニュースが示

すように、この国の統治は理想通りにはいかないようだ。その背景にはミャンマーが、東南アジアで唯一、インドと中国の両方に隣接しているという事情もある。

民政転換の直前、最大都市ヤンゴン（旧ラングーン）に一泊してチラ見してみたその内情とは。

意外にモダンな姿を見せたヤンゴン

二〇一六年一月、筆者は夕方のヤンゴン国際空港に降り立った。その前年十一月の選挙でNLDが全面勝利したものの、軍政側がすんなりと政権を明け渡すのかまだ不透明だった時期である（二カ月後の三月に政権移譲が実現）。ミャンマーとの交流拡大を見越して全日空が就航させた直行便で、成田から八時間だった。

いかにも軍人風の硬い表情と、いかにも外国人とのコミュニケーションに慣れていなそうな挙動。筆者がかつて司会進行を務めたある国際会議で、オブザーバー参加していたミャンマー政府の面々の印象である。そんな官憲たちがにらみを利かせている国、という怖いイメージを抱いていたのだ

ミャンマーの首都ヤンゴンにて、国のシンボル・シュエダゴンパヤーの仏塔を仰ぐ

が、入国審査は短時間でビジネスライクに終わった（ただし日本国内で事前にビザを取得しておかねばならない）。ロビーに出てみるとターミナルも意外に近代的である。

ヤンゴンの都市圏人口は四〇〇万人超だという。これはまだ、東隣のタイ・バンコクの半分、西隣のバングラデシュ・ダッカの三分の一程度で、ということはこれからさらに急成長するのではないかと思われる。

それでも急速な車の普及で渋滞がひどいと聞いていたが、日曜日だったせいか、あるいは一番のネックとなっていた交差点に日本の政府開発援助（ODA）で二年前に高架橋が完成した効果か、タクシーはまっすぐ南下し都心北西端のホテルまで三十分で着いた。経済発展でいえばはるかに先を行っているヴィェトナムの首都ハノイの空港から都心に向かう道中よりも機能的で、車窓から眺める街並みも近代的な感じだ。

ちなみに道路は右側通行。周辺のタイやバングラデシュ、それにインド、マレーシア、シンガポールも左側通行だが、英国に侵略された歴史への反発からだろうか、再独立後に右側通行に変えたという。ちなみに中国、ヴィェトナム、カンボジア、ラオスは右側通行だ。この地域にいずれ国際的な道路網が発達すれば、インド以下の左側通行国と、中国以下の右側通行国のせめぎ合いで、いろいろと面倒なことが起きそうである。

ホテルは、当地の華僑資本が建設したとおぼしき成り金趣味の建物で、一階はMANGOなどの外国ブランドも入るファッションモールになっていた。しかし客の姿はまばらだ。

手元の記録によれば、空港のATM（現金自動受払機）で引き出した現地通貨は日本円換算で一八〇〇〇円。これで空港と市内の往復のタクシーに、夕食に、翌日の寺院への入場料その他をまかなえてしまったのだが、ホテル代（朝食込み）はカード払いで九〇〇〇円以上した。出張の日本人が選ぶような国際チェーンのホテルはもっと高い。「民主化にともなって、外国人とごく一部の国内富裕層向けの高単価のサービス供給が始まったが、一般住民はそれとは無縁のまま」というところなのだろう。

さて夕食をどうするか。ホテルには、誰一人客が入っていない立派なミャンマー料理の店があったが、一泊しかしない日程の貴重な夕食を、ホテル内ですませるのはあまりに後ろ向きだ。やっぱり一、二キロ先の中心街まで歩いてみよう。

宿泊したホテルの一階には、外国のファッションブランド店などが入っていた

ヤンゴンの中心街に残る昭和と中世

広大なヤンゴン総合病院の区画を抜けて中心街に入ると、市街南端を東西に流れるヤンゴン川に向かう形で、細い街路が南北に無数に走っていた。ニューヨークのマンハッタン西側のハドソン川に近い部分の街路網を、九十度左に倒したような形だ。

ホテル周辺とは打って変わって、街路は暗く、車の通行は少なく、昭和三十年代の写真を見ているような懐かしさがある。そして路肩は、小さな椅子とテーブルを置いて、屋台物で夕食を取る庶民で埋まっていた。正確には屋台ですらなく、臨時に台を出して食材を並べ、注文に応じて混ぜているという感じである。おいしそうだが、食器を洗っている気配はなく、慣れない人が食べるとおなかを壊すかもしれないので自重する。

どこかに着席の食堂だとかレストランだとかはないのか。ごったがえす街路を何本も歩き回ったが、たまに見つかるのはピザとかバーガーとかの店で、普通に地元の料理を出す店は、露店以外にはまったく見当たらない。

「串焼き横町」と呼ばれるエリアでは、左右に地元料理の飲食店

路肩で夕食を取る地元の人たち（ヤンゴン中心部）

が並んでいたが、客席は主として路上に出されたテーブルで、そこが地元民ではなく欧米人観光客で埋まっていた。外国人相手の店は避ける習慣なので、結局別の寂しい路地で、台湾人経営の店に入る。店主は「ウチは中華料理屋だ」と言っていたが、出てきた麺はカレー味で、十分にインド化していた。探し回った地元の味は、インドと中華の折衷だったというオチである。

路上を占拠しているのは屋台だけではなく、善男善女が北向きに座り、一番北に陣取った高僧のお説教を手を合わせつつ聞いている街路も何本かあった。この国はタイやスリランカと並ぶ、敬虔《けいけん》な小乗仏教国なのである。

市街南端の大通りを渡って、ヤンゴン河畔に出る。街路よりも薄暗く照らされた地べたの上に、先ほどまで以上に衛生状態の怪しげな屋台が並んで、大勢が飲食している。水辺まで出ると、いくつもの手こぎの小舟が今も残り、一キロほど先の対岸との間を往復していた。櫓《ろ》を操る船頭に呼び込まれ、屋台で食事を済ませた人たちが続々乗り込んでいる。桟橋がなく雁木《がんぎ》から飛び移るスタイルだ。まるで中世のアラビアンナイトの世界に戻ったような、

中心街南端のヤンゴン河畔から対岸への舟が次々と出る。まるで中世のような光景

幻想的な光景だった。

そう、二〇一六年一月現在のヤンゴンには、中世と昭和と二十一世紀が同居していた。経済発展にともないこれから急速に失われていくだろう光景を、このタイミングで記憶に留めておけるのは幸運だと思いつつ、とぼとぼとホテルに戻る。

ACT4．インドと中国の狭間にある、ミャンマーのリスクとチャンス

民政への移行期に訪れたヤンゴンの夜は、昭和のような世界、場合によっては中世の残る世界に、突然二十一世紀が侵入したような様相を呈していた。

とはいえ、外国人の移動が制限されていたという軍政時代の名残はまったくなく、前夜に続いて翌日も、何のおとがめもなく写真を撮りまくりながら、ヤンゴン市街を歩き回る。

今後失われて行くであろう急成長直前の景色を、目に焼き付ける

翌月曜日の朝。通勤客がすし詰めになったバスが行き交う。住人は難儀だが、一人当たりGDP（国内総生産）が一二〇〇ドル程度の東南アジア最貧国なので、新交通システムだの地下鉄だのを整備できるのはまだまだ先だ。

ところが、ホテルのすぐ先の橋の下を覗《のぞ》くと、非電化だが複線の線路があって古びた駅がある。

下りてみると、旧国鉄形式の気動車が、最後はＪＲ東海の高山線と太多線を走っていたのだろう、その当時の塗色と車内表示のままで、コトコト走って来たのに驚いた。イギリス植民地時代の遺産である鉄道線路を、日本がＯＤＡで再整備したヤンゴン環状線だ。全長三十キロ弱を、十～二十分おきに来る列車が一時間半ほどで回っている。

乗ってみると、車内は筆者の子供時代のままだ。冷房はなく、扇風機が回っている。そして残念ながら、席はずいぶんと空いていた。昔の線路の再利用なので、今の時代に人の集まる拠点をつないではいないのだ。

巨大な構内が更地になって半ば放置されているヤンゴン中央駅で降り、再び中心街を歩くと、大通り沿いの老朽化したビルが、一部建て替えられ始めていることに気づいた。しかし裏通りに一歩入れば、裸足で遊ぶ子供や、忙しそうに物を運ぶ自転車、歩道を埋める露店など、昔のままの庶民の世界がある。

生きた鶏を多数ぶら下げて自転車で運ぶ男性

昨晩を思い起こせば、ナイトクラブやバーはもちろん居酒屋のようなものすらなかった。筆者は酒に弱く、タバコの煙にアレルギー反応が出るうえ、「侍り、侍らせ」という行為自体が苦手なので、いわゆるナイトライフには無縁なのだが（従ってこの連載には、今後ともその分野の話は出てこない）、そういうのが好きな旅行者は郊外の駐在員地区に行くのだろう。昼間歩いてもコンビニも自動販売機も月ぎめ駐車場もない。それらに埋め尽くされた平成の日本の町を思い起こしながら、この町の今の姿をいとおしみつつ、市街地の北方、ヤンゴンのシンボルであるシュエダゴン・パヤーに向かう。

着いてみると、四方に入り口のあるピラミッド状の巨大寺院だ。外国人料金を払って靴を脱ぎ、壮麗な柱と屋根のついた石段を上って行くと、数百メートル四方が大小の仏塔や仏像に埋め尽くされた、この世に再現された極楽のような空間に出る。中心にそびえ立つのは巨大な黄金の仏塔だ。

無数の老若男女が、思い思いに座り込んだり祈ったりしている。一九五〇年代から八〇年代初頭までの軍政前期に社会主義を掲げていた国だとは、とても信じられない。

インド世界と中華世界に接するリスクとチャンス

ミャンマーの人口の七割を占めるビルマ族は、十世紀に中

広大な敷地に仏塔が林立し、異空間の様相を見せるシュエダゴン・パヤー

国の雲南から南下してきたチベット系の民族だった。中国の五胡十六国時代に氐《てい》と呼ばれた集団の末裔《まつえい》とされる。その後スリランカから伝来した仏教を奉じ、十八世紀半ばには隣国タイのアユタヤ王朝（タイ人も同じく雲南から南下した別系統の民族）を滅ぼして、インドシナに覇を唱えた。

だが、十八世紀末にインド（当時英国領）にまで侵攻したのがあだとなり、その後産業革命を成し遂げて富強となった英国に十九世紀半ばに逆に攻め込まれ、十九世紀末にはついに完全に英国の植民地にされてしまう。

第二次大戦時には今度は日本軍に占領されたが、戦後、英雄・アウンサン将軍の指揮の下で再独立を果たした。しかし将軍の暗殺後、半世紀以上続いた鎖国志向の軍政の下で経済は徹底的に立ち遅れる。ライバルのタイに一人当たりGDPで五倍近い差をつけられた今、将軍の娘であるアウンサンスーチー国家顧問の下で、巻き返しは図られるのだろうか。

そんなミャンマーは、ASEAN諸国の中でも特異な地政学上の位置にあり、そこにはリスクとチャンスがある。

老若男女が思い思いに祈りをささげる

まずは、ＡＳＥＡＮの西端にあってインド亜大陸に隣接していること。ミャンマーの人口は五〇〇〇万人強だが、東隣のバングラデシュと、その北で国境を接するインドのアッサム周辺地域には、合わせて二億人が住んでいる。ミャンマーでロヒンギャと呼ばれる人々は、過去いずれかの時点でバングラデシュ方面から流れ込んできた民の子孫だ。彼らはムスリムであるため、仏教国ミャンマーの国籍を付与されず、居住地から武力で追放されるなどの人権弾圧を受けている。

しかしそれは、ミャンマーよりやや所得水準が高い点でミャンマーにとって潜在的な大市場でもあるムスリム国・バングラデシュを、完全に敵に回す行為だ。また、ＡＳＥＡＮ内のムスリム大国であり合計三億人近い人口を擁する、インドネシアやマレーシアをも怒らせている。逆に言えばミャンマーの近隣には、四億人を超えるムスリム国家のマーケットがあるのであり、人権弾圧をやめてこれら諸国と融和することは、ミャンマーの輸出産業を発展させるためにはたいへん有益だ。ちなみに現状では、バングラデシュの首都ダッカとヤンゴンの間には、航空便が週三往復しか飛んでおらず、両国間の交流の乏しさは歴然

ＪＲ東海の色に塗られた旧国鉄車両がヤンゴンを走っている

である。乏しさはしかし、改善すれば豊かさへのチャンスだ。

だが輸出産業が振興すれば、インフラ整備の難しい低地デルタ地帯に過剰な人口を抱えるバングラデシュと、ミャンマーとの経済水準は早晩逆転するだろう。もしそうなれば、同地からムスリムが今度は出稼ぎ労働者として流入し、ロヒンギャの現代版となっていく可能性が高い。経済が発展し少子化が進み始めて人手不足のタイには、東隣のミャンマーから多数の労働者が流れ込んでいるという現実があるだけに、玉突き状に同じことが進んでもまったくおかしくはないのである。結局、インド世界と接するという地政学的位置は、発展とムスリム流入のトレードオフを、ミャンマーにつきつけているわけだ。

ミャンマーの地政学的位置が生むリスクとチャンスのもう一つは、ASEANの中で唯一、中国とインド洋に挟まれているということである。中国にしてみれば、ミャンマーと友好関係を結ぶことで、中東産油国やアフリカの資源地域と自国を短絡する物流動線を確保することができる。現状ではマラッカ海峡を通る海運が主体だが、遠回りである上に、親米国のインドネシア、シンガポー

路上で遊ぶ子供たち。市販のおもちゃもゲーム機もない世界が残っていた

ル、マレーシアに囲まれているエリアだ。そこで中国はミャンマーの軍政と関係を深め、二〇一五年には雲南からミャンマー北西部を縦断してインド洋につながる石油パイプラインを完成させた。さらに鉄道を建設する計画もある。

だが中国がこれまで、ミャンマー国内の人権弾圧を意に介さず軍政を支援してきたツケで、ミャンマー国民の対中感情はけっしてよろしくないと言われる。欧米諸国の強い支持を受けるアウンサンスーチー氏主導のＮＬＤ政権への民政移管もあり、今後ミャンマーと中国の関係がどうなっていくのか、見通しは不透明だ。中国政府当局は「人権などを気にかけ過ぎると、自国の進出のチャンスを逃し、相手国の経済発展も阻害しかねない」という考え方であり、相手が軍政でも腐敗政権でも取り込めるものは取り込んでしまうという姿勢で勢力を拡張しているわけだが、そのように無原則にエコノミックアニマルで通していると、中長期的には自分で落とし穴を掘りかねないということも、もっと勉強すべきだろう。道徳律というのは子供向けの絵空事ではなく、超長期的にみてペイする道を示した、過去の失敗者から未来への、警告の手紙であると考えるべきなのだ。

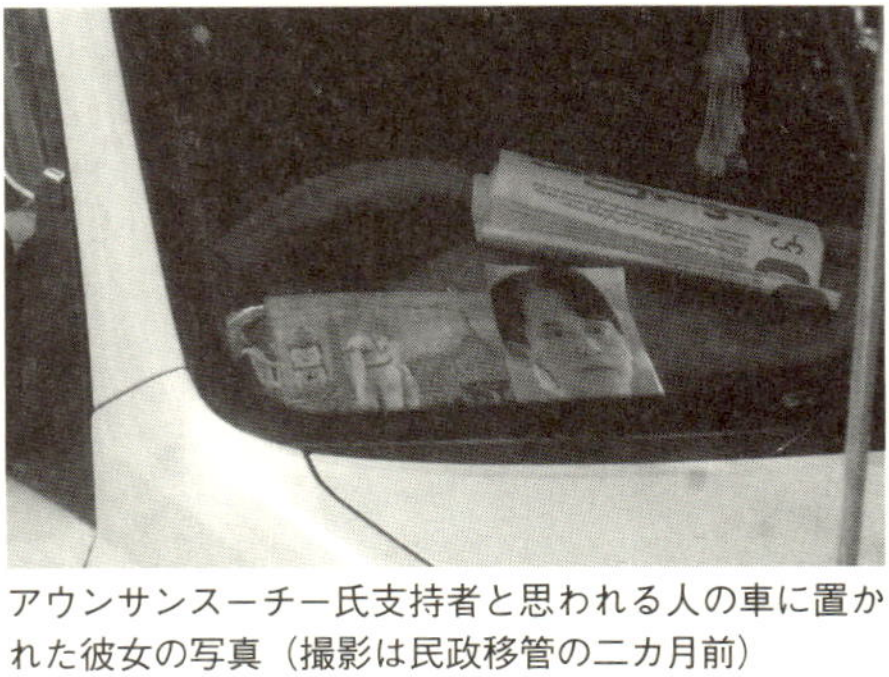

アウンサンスーチー氏支持者と思われる人の車に置かれた彼女の写真（撮影は民政移管の二カ月前）

さりとて、アウンサンスーチー政権とてお金はいくらあっても足りない。米国や日本と中国を天秤にかけつつ、この地政学的位置から最大限の利益を引き出そうとするだろう。ロヒンギャ問題に欧米の批判が集まり始めた今のタイミングは、人権を気にしない中国がミャンマーへの再浸透を図る好機にもなっているものと思われる。ミャンマーがインド世界に隣接しているという地政学的位置が、インド世界から流入したロヒンギャに対する民族浄化を生み、その悲劇が巡り巡って再度中国のチャンスを広げかねないわけだ。

いずれにせよミャンマーが、今の経済水準にとどまっていることはありえない。今後ものすごい速度で開発と、生活水準底上げと、それに格差のさらなる拡大が進むのは確実だ。嵐の前の姿を目に焼き付けつつ、講演のために筆者はシンガポールへと出国したのだった。

第5章

台湾・韓国・中国の高速鉄道乗り比べ

「飛行機に対抗できる都市間高速鉄道」というジャンルを、一九六四年開業の東海道新幹線が切り開いて半世紀。日本発のこのイノベーションは世界に広がり、日中韓や西欧では主要都市が高速鉄道網でネットワークされる時代となった。日本の国土構造を大きく変えたこの発明は、他国ではどのような使われ方をしているのか。台湾、韓国、中国での乗車機会に観察した、「所変われば品変わる」、あるいは「変わらず」の実態。

ACT1．機能的で気軽　日本の新幹線と同感覚の台湾高鐵《ガオティエ》

沖縄のすぐ先にあって、日本各地の空港から多くの路線が飛ぶ台湾。それも当然で、台湾では日本の地方を探訪するのが大人気だ。二〇一七年一年間だけで台湾居住者のなんと五人に一人が訪日している。

逆に日本人は何人に一人が、台湾を見知っているだろうか。気軽に飛び快適に旅行できる場所なので、日本人も自分で何度でも足を運んでほしいものだ。ということで今回紹介するのは、まち歩きではなく、台湾高速鉄道（台湾高鐵、日本でいう〝台湾新幹線〟）に絞る。

気軽に乗れて通勤にも使われる〝台湾高鐵〟

二〇一六年四月。二度目の台北《タイペイ》市内観光で、北郊の北投《ペイトウ》温泉や、南郊の猫空《マオコン》ロープウエーなどを

楽しんだ筆者は、同行の皆さんと別れ、夕方四時半過ぎに台北駅にやってきた。市街を東西に貫く「台鐵《タイティエ》」（台湾鉄路管理局・台湾国鉄＝在来線）と、台湾の西海岸を南に向かう「高鐵《ガオティエ》」（台湾高速鉄道＝新幹線）の拠点駅である。別途、地下鉄も南北に二線が交わる。

駅舎は広場に囲まれた巨大な四角形の建物だが、一見では駅に見えない。一九八九年以来、線路は地下を東西に走っており、ホームもすべて地下にある。

台湾高鐵は、これまでのところ海外で唯一、日本の新幹線方式（在来線と完全に分離された高速軌道を専用の電車が走行する）を採用した高速鉄道として知られる。それに対して韓国や中国は、欧州同様、在来線の駅を使いつつ途中区間で専用軌道に乗り入れて行く方式を採用した。

高鐵が新幹線方式を受け入れたのは、「台湾人が親日的だから」と説明されることが多いが、実際の理由は台湾の鉄道の状況が日本と似ているからだろう。台鐵は日本の在来線と同じ狭軌（軌間一〇六七ミリ）であるために、標準軌（同一四三五ミリ）である新幹線車両の乗り入れができないのだ。だからこそ専用軌道を一から建設するしかなかったし、そう

日本の新幹線700系車両をそのまま導入した台湾高鐵
（撮影は高雄《カオシォン》市の左營《ズゥオイン》駅）

であれば独立したシステムとした方が混乱が少ない。

新幹線方式には他にも、事故が少ない、高頻度運行ができるなどの特色があるというが、次回以降に紹介する韓国や中国でも言われるほど事故は多くないし、中国では線によっては日本同等の高頻度運行が行われている。台湾高鐵の運行本数も、韓国や日本の九州新幹線、北陸新幹線などと同レベルで、中国の北京―上海ほどではない。

昔からある台鐵と、二〇〇七年に開業した高鐵は別会社なので、切符売り場も改札もホームも別々だ。〝台〟と〝高〟の違いがわかる日本人には難しい区別ではないが、欧米人にはややこしいかもしれない。切符売り場も、日本と同じく窓口と自動券売機に分かれていて、窓口には日本と同じく自動券売機を避けた人の列ができている。

筆者はせっかちなので、当然に自動券売機を使う。最初に日本語のボタンを押せば、クレジットカードで簡単に買える。線路が一本しかないので、必然的に日本のＪＲ各駅にあるものよりずっとわかりやすい。

台北駅の高鐵専用自動券売機。日本同様に客は有人窓口に集まりがちで、空いていた

条件反射で普通車を買おうとしたが、料金を見て、ビジネスクラス（日本のグリーン車）で買い直した。終点の左營（高雄市北郊）まで一時間半から二時間のところ、普通車は五五〇〇円程度、ビジネスクラスは八一〇〇円程度とさほど変わらないのだ。

ちなみに距離は三五〇キロ弱で、日本で言えば東京－仙台、東京－名古屋、新大阪－広島、小倉－鹿児島中央などと同じ。日本では普通車が一万円程度、グリーン車が一万五〇〇〇円程度する距離だから、割安だ。

日本のためにも一言申しておけば、これまた同距離の米国ニューヨーク－ワシントンDCの間を一時間に一本の特急に乗ると、三時間以上かかるうえに二等でも三万円弱、一等では四万円弱取られる。日本の新幹線だって安くて便利なのだ。

列車は毎時二、三本出ているうえ、ありがたいことに日本と同じで発車直前でも指定券を券売機ですぐ買って（自由席もある）、飛び乗れる。欧米の高速鉄道だと、ここまで気軽にはいかない。ただしこれまた新幹線と同じで、高雄まで行くのにあ

台北駅の高鐵用ホーム。地下駅なのでコンパクトな二面四線。日本の地下鉄のような感じもする

わてて各駅停車の列車に乗ると、途中で最速運用の列車に抜かれる可能性がある。逆に、風情のある古都・台南《タイナン》に行きたい場合には、最速運用の列車の中には止まらないものもあるので注意が必要だ。

台中《タイジョン》駅の位置に路線設計の欠陥を見る

カードサイズの薄いプラスチック製の切符を、高鐵専用の自動改札に通し、地下のホームに降りると、どこかで見たような形状の列車が止まっていた。一時の東海道新幹線を席巻《せっけん》していた700系である。その後日本では、さらに進化して複雑な先頭形状のN700系に置き換えられて急速に減っているが、台湾では最高時速三〇〇キロと、日本の東海道新幹線での運用より十五キロアップして使われている。

十六時四八分に台北駅を出た列車は、地上に出て、桃園《タオユイエン》まで台北市西郊を走る。農地と高層住宅と工場などの産業施設が入り交じる景色は、日本の新幹線で言えば名古屋の郊外と似ている。ちなみに桃園などの周辺都市を加えた台北の都市圏人口は、各種試算に共通して八〇〇万人台で、ちょ

ビジネスクラス（グリーン車）の車内。最近のN700系を見慣れた目にはやや古びて見える

うど名古屋と同水準でもある。南北碁盤の目に大通りの走る台北の市街地を歩いてみるとこれまた、「人情味と雑踏を増強した名古屋」という感じなのは面白い。

桃園では、台北から桃園国際空港経由で西に延びた地下鉄と接続している。台北には、中心部に至近の松山《ソンシャン》空港と郊外の桃園空港とがあり、東京からであれば羽田－松山線を選ぶ人が多いと思われるが、台北ではなく台中、台南、高雄方面に用事のある人は、桃園空港から地下鉄－高鐵と乗り継いだ方が早くて安そうだ。松山空港－台北駅もタクシーで二十分、七〇〇円程度（台湾のタクシーは安い）なので、松山に飛んで高鐵に乗るのも特段面倒ではないが。

なお桃園空港から台北へは、直接地下鉄で東に向かうのが早く、西に行って高鐵の桃園駅から台北に戻るのは現実的ではない。高鐵の試乗にも、台北近郊を抜けた桃園以南の区間に足を延ばすことをお勧めする。台北－桃園では、東京－新横浜という感じになってしまう。

桃園を出ると車窓にも田園が増えてきた。ただし田よりも畑の方が多く、建物が途切れることもない。台湾の西海岸に

高層ビルが並ぶ台中の都心を遠巻きに通過してしまう高鐵。高鐵の台中駅はまだ先で、都心へはそこから十キロ北東に戻らなければならない

続く広い平野を、進行方向左手遠くに山脈を遠望しつつ、たんたんと南下していく。

台北を出て一時間弱、車窓左手の彼方に、台中市街の高層ビル群が見えてきた。日本で言えば福岡や札幌と同規模の町だが、列車はその市街地を避けて走り、南西に十キロほど離れた高鐵の台中駅に止まる。隣接する台鐵の新鳥日駅から都心の台鐵台中駅までは一時間に二、三本の列車もあるが、多くの人はバス、タクシー、自家用車に乗るだろう。

駅周辺の閑散とした風情をみながら、「この設計はまずいな」と気が付いた。不便というだけでなく、高鐵の採算性にも、台湾の国土構造にまでも悪影響を与える、よろしくない線形となっていることに、思い至ったのである。

ACT2.〝岐阜羽島状態〟の駅の連続に、台湾高鐵の路線設計の問題を見る

台北駅から乗った、高雄方面行きの台湾高速鉄道（高鐵）。駅に着いて十分もかからずに券売機で指定券を買って飛び乗れるお手軽さは、日本の新幹線と同等だ。時速三〇〇キロメートルで快適に走るが、途中駅・台中の位置が市街地から遠く離れているのを見て、路線設計の欠陥に根差す構造問題を感知する。

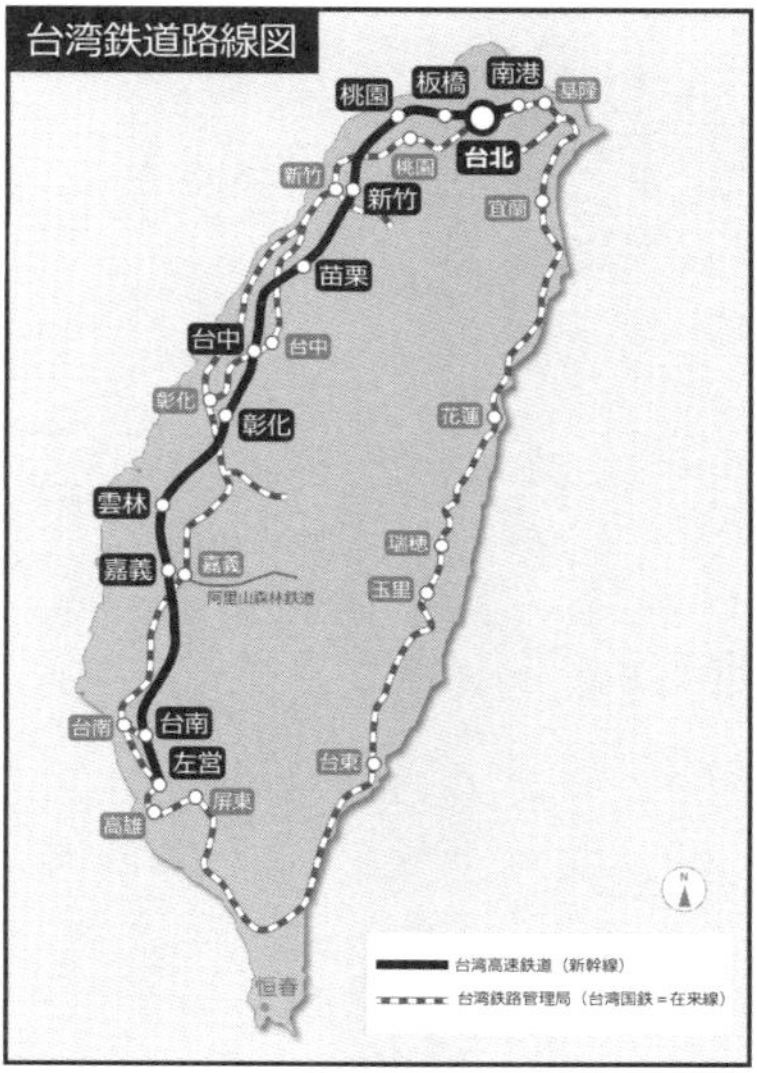

台南－高雄と続く郊外駅

台中駅を出て五十分、列車は台南駅に止まった。日本で言えば広島や仙台と同規模の都市圏人口を持つ〝台湾の京都〟とも言われる古都だ。平戸で中国人の父と日本人の母の間に生まれ、明の王族を擁して清に抵抗した鄭成功《チェンチェンコン》ゆかりの場所である。彼はオランダ人が築いていたゼーランディア城を攻略し根拠地にしたのだが、その城址は現在も市の西部に残っている。

しかし高鐵の駅は、市街の南東に十八キロも離れた田園の中で、一時間に二本ある台鐵の連絡列車に乗っても、バスやタクシーでも、都心まで三十分はかかる。しかも、台中も台南も同じだが、台北から来た場合には一度通り過ぎてから戻るような位置に駅があるので、移動の際に感じる不便さはさらに増す。南の高雄も数十キロしか離れていないので、両都市間を動くなら台鐵や高速道路経由の方が早い。意味の分からない設計だ。

台南から十二分で終点の左營《ズゥオイン》だ。日本で言えば福岡や札幌と同規模の都市圏人口を持つ高雄の北郊にある。ここから六キロほど南の都心へは台鐵もあるが、頻繁に出る地下鉄で所要時間十分少々だ。台鐵高雄駅までの延伸計画はあるというが、同じ区間に既に台鐵も地下鉄もあるし、数分で行ける区間を本当に延ばすのだろうか？

もし乗り入れれば、台鐵の高雄駅は東西方向の線形なので、鹿児島中央駅のようにそこにズドンと垂直に新幹線の終点が来る形となる。もしかして左營駅の先から東に曲がって台湾を一周するというような構想があったのかもしれないが、台湾東部には目立った都市はないので採算は取れないだろう。

高雄は、香港や東南アジアに向いた貿易港だが、街路が広すぎることもあって市街地はやや閑散としていた。台中や台南にはない地下鉄に乗り継ぐと、日本でもときどきみかける〝鉄道むすめ〟のような、〝萌《も》え系〟美少女キャラを使ったポスターがやたらと目立つ（口絵）。日本では京都市営地下鉄のやり方が一番これに近いが、台北以上に日本的な世界に突然放り出されて、やや違和感があった。

市街地から十八キロ南東の高鐵台南駅の周囲にはまだ何もない（別の旅行の機会に撮影）

市街地の一角で大規模に開催されている観光客向けの夜市にたどり着き、むせかえる雑踏と熱気の中に身を置いて、ようやく昭和四十年代の懐かしさを残す台湾的世界に戻る。

ちなみに空港は市街地の南にあり、同じ地下鉄路線に直結している。筆者は翌日、そこから香港に飛んだ。

採算性や国土構造にまで悪影響を及ぼす設計ミス

ざくっと乗ってみた台湾高鐵。沿線が人口密度の高い平野部なので、景色を楽しむ線ではない。しかし東京－名古屋と同等の距離に、名古屋と同規模の台北、福岡や札幌と同規模の台中と高雄、広島や仙台と同規模の台南が並んでおり、高速鉄道としての性能を最も発揮しやすい都市配置であるとはいえる。それゆえか今回も、別の機会にも乗った際にも、台北を出たときには十二両編成の座席はおおむね埋まっていた。

であるのに、高鐵は大赤字なのだという。よく指摘される理由は、日本の新幹線の半額程度という運賃の安さだ。だが台湾の一人当たり名目ＧＤＰ（国内総生産）は日本の六割弱なので、実はそんなに無理筋でもない。

やや閑散とした高雄市街地だが、台湾の各都市で名物の観光夜市は、昭和のような熱気にあふれていた

より構造的な問題は、台中、台南とどんどん客席が空いていくことだろう。旅客流動が対台北の一方向で、全線通しての乗車効率が悪いのだ。これは日本で言えば、上越新幹線や、東北・北海道新幹線の仙台以北と似ている。

とはいえ繰り返すが、台中や高雄は福岡や札幌、台南は広島や仙台と人口で同規模なのだ。九州新幹線がそうであるように、台北以外の都市の相互間にも、本来はかなりの移動需要があるはずなのである。うまくつかめば、乗車効率はもっと改善するはずだ。

そこを取り逃している元凶は、台北以外の全駅が、まるで岐阜羽島駅のように都心から三十分内外も離れた位置に設けられていることだろう。都心に駅のある台鐵を使えば、たとえば台中－高雄は一時間に一本の特急で二時間半少々、一八〇〇円程度。高鐵なら一時間だが、三〇〇〇円するうえ、駅までの交通手段の料金と時間が別途かかる。それどころか台北－台中であっても、毎時二本の特急で二時間内外、一四〇〇円程度で行けるのだから、値段が二七〇〇円程度で台中駅から台中市街まで三十分かかる高鐵の競争力は弱まる。

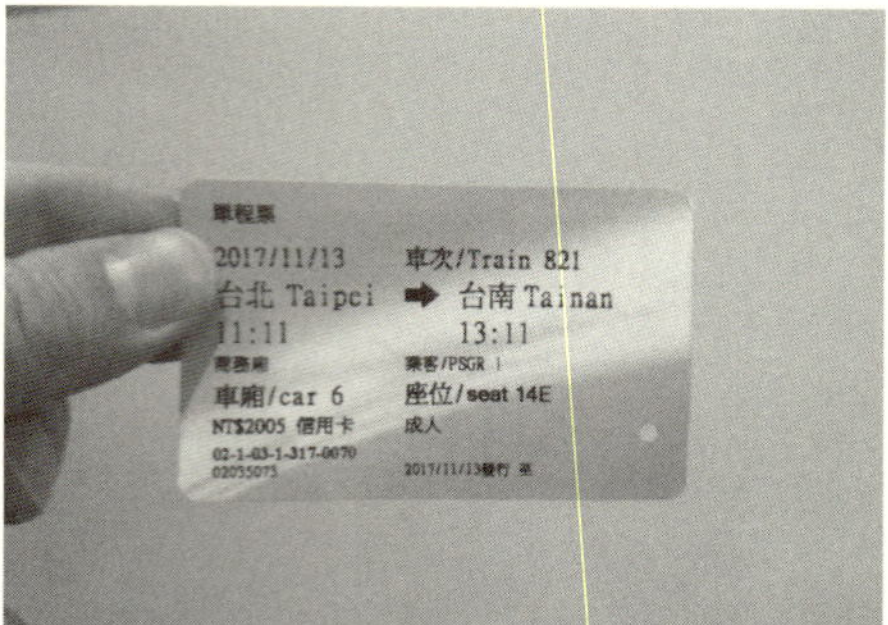

高鐵の切符は薄いプラスチックのカード（別の旅行の機会に撮影）

このような設計は、台鐵の経営への悪影響を減らそうとしたのか、新駅周辺への土地投機でもうけようとした勢力が暗躍したのか、いずれにせよ高鐵の利用を減らす方向に働いた。しかも新駅周辺の開発は軒並み進んでいない。日本でも新幹線の新駅の周囲で、歩いてみたくなるような魅力のあるまちづくりに成功した事例は、古くは新大阪や岐阜羽島から、最近の上越妙高、新高岡、新青森、新函館北斗に至るまで皆無ではないか。在来線に乗り入れない新幹線方式は、都心駅への直接乗り入れとセットでこそ真価を発揮する方式であると、台湾高鐵は改めて教えてくれる。

台中、台南、高雄の各都市から台北への移動を便利にしたが、台北以外の各都市間の移動には使いにくい高鐵。そのため、台中に拠点を置く企業よりも台北拠点の企業の方が、高雄に出向きやすい。高雄の住民が遊びに出かけるのにも、台中よりも台北に行く方が、早くて乗り換えも少なくなった。

つまり高鐵は、個性ある拠点都市が数珠つなぎになっていたかつての国土構造を、台北一極集中の国土構造へと変

車中で駅弁に舌鼓を打つ地元ビジネスマン。台湾の駅弁は日本ほどデリケートなつくりではないが、肉や野菜が多めでおいしい

化させつつある。これは、目先では規模の利益を拡大させて一定の経済成長を招くだろうが、長期的には台湾の多様な魅力と靭性《リジリエンス》を損なうだろう。

いや、それほどでもないか。日本人ほどあくせくしていない台湾の人たちには、安価な台鐵や、発達した高速道路（無料区間もある）を選ぶ向きも多いだろうからだ。選択肢の一つなのであれば、高鐵の存在は便利なだけで悪くはないではないか。圧倒的な競争力を持つ新幹線が独占した東京－名古屋間に比べ、隙《すき》だらけの路線設計で自ら競争力を弱めた高鐵の走る台北－高雄の方が、より多様で面白い区間であり続けるのかもしれない。

なお、筆者の初乗車の二カ月後の二〇一六年六月に、高鐵は台北から東に九キロほど東の南港駅まで延伸された。

しかし延伸区間は頻繁に電車の走る台鐵に並行していて所要時間も変わらないうえ、全線地下で景色は見えない。しかも南港駅は台北市街を通り過ぎた東の郊外で、名前は港だが海から離れた内陸であり、周辺にはコンベンションセンターや、巨大な空きビルの建つソフトリサーチパークくら

日本の新幹線より座席数を削って荷物置き場を設けてある

いしかない。高鐵開業の二〇〇七年はリーマン・ショック直前のバブル期だったので、南港周辺の再開発と高速鉄道の延伸がセットで構想されたのだろう。

とはいえ台北－南港は一五〇円程度で乗れるので、全線完乗車したいマニアは乗られたらよい。またここで台鐵に乗り換えた先の基隆《ジーロン》は味わいのある港町だ。ただ台北駅からであれば、最初から台鐵に乗った方が早く着く。

ACT3．欧州方式の採用で、在来線に融通無碍《むげ》に直通する韓国KTX

二〇一六年十一月。大学からの講演依頼で、ソウルに行く機会を得た。幸い、ソウルの後に釜山にもう一泊する余裕がある。著者多年の懸案であるKTX（韓国《ハングッ》高速鉄道《コソクチョルト》、日本でいう韓国新幹線）試乗のチャンス到来だ。

KTXは大別すると、ソウルから南東の釜山《プサン》などに向かう京釜線《キョンブソン》系統と、南西の全羅道《チョルラド》への湖南線《ホナムソン》系統に分かれている。単に釜山に直行するのも芸がないので、今回はまず、まだ行ったことのない光州《クァンジュ》に湖南線で向かうこととした。韓国西南部の

奇抜なデザインの光州《クァンジュ》松汀《ソンジョン》駅

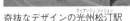

中心都市で、軍政の撤廃を求めるデモ隊が流血の鎮圧を受けた光州事件の故地である。

龍山《ヨンサン》駅より湖南線に乗る

くしくも講演の日は、朴槿恵《パククネ》大統領が辞任を表明した当日だったが、市内は拍子抜けするほど平穏で、夜は最近韓国でも増えている地ビールをいろいろ試して楽しんだ。そのために翌朝寝坊してしまい、龍山駅に着いたときには十時四十五分となっていた。

ＫＴＸの京釜線系統は都心のソウル駅から出るのだが、後からできた湖南線系統のほとんどは、ソウル駅から一つ南のこの龍山駅発着となっている。すぐに切符を買って、五十五分発の列車に乗り込む。

ソウル駅から龍山駅まで地下鉄に乗る。車内の雰囲気は日本とよく似ている

韓国は治安が良く、商売人は仕事熱心だ。感情過多で口数も多い気風は関西と似ているが、飲食店内禁煙が徹底している分、関西以上のグルメ天国でもある。何より、日本ととても良く似た街並みに、ハングル表記があふれ、ある種パラレルワールドのようになっているのが、いつ行っても面

白い。

韓国人も日本に来れば同じような感想を抱くようで、二〇一七年にはなんと韓国の人口の七人に一人に当たる七一四万人もが日本を訪れた。ちなみに中国人訪日客は中国の人口の一八七人に一人だったのだから、韓国人一般の日本への興味と実地見聞のレベルは尋常ではない。対して、行きもせずにネット情報だけをあさり、この国の悪口を言う日本人が増殖しているのは、中国の復活に伴う不安感を誰かを見下すことで発散しようとする類の、どこの国でも起きがちな行動なのだろうと思うが、この国際化時代にまことに情けない。

韓国では、スペインやロシアなどを除く欧州と同様、高速鉄道も在来線も標準軌（一四三五ミリ）なので、高速列車がそのまま在来線にも乗り入れられる。そのため欧州の高速鉄道網と同じく、ソウル、大田《テジョン》、大邱《テグ》、釜山などの主要駅は在来線の旧来の駅と共用だ。都心から少し郊外に出たところで、高速専用軌道を分岐させることにより、地価の高い都心での増線工事が避けられるし、都心駅に直接高速車両が乗り入れられるわけだ。

しかしソウル駅だけは、あまりに在来線の電車数が多くて線

ソウル市内の龍山駅からＫＴＸに乗り込む

路容量に余裕がなく、仕方なく龍山駅始発の系統ができてしまった。これは日本で言えば、東北・上越・北陸新幹線系統でまれにある、上野始発の臨時列車と類似している。

ソウル駅の大改良をするよりは郊外ターミナルを増やした方が安価ということなのか、筆者が試乗した翌月の二〇一六年十二月には、都心から漢江を渡った南にある江南《カンナム》地区の水西《スセオ》をターミナルとし、六十キロほど南下したところで既存KTX線に合流する、SRTという新線も開業した。

そちら発の光州方面行きも、毎時一、二本ある。東京になぞらえれば、二子玉川発着の東海道新幹線の別線ができたようなものだ（道路では第三京浜や関越道という実例がある）。水西では在来線の接続はなく、アクセスは地下鉄だけだが、果たしてどの程度の利用があるのか。確認はまたの機会にしよう。

ＫＴＸの普通車。Ｗｉ-Ｆｉサービスがあり欧州と同じ二×二列

韓国と台湾の高速鉄道の方式の違いは、戦前の日本人の投資に由来

ＫＴＸの車両はフランスの技術が採用されたが、これを「反日感情から新幹線方式を拒否した」

と評する向きが一部にある。しかし日本と違って、在来線も高速新線も軌間は同じなのだから、既存鉄道施設の有効利用やコストダウンを考えれば、欧州方式で行くのが当然に合理的だ。

結果として、在来線と高速新線を融通無碍に行き来する、複雑な運行形態を取ることも可能となっている。京釜線はざっくり五種類、湖南線も三種類の系統があり、さらに新線開業のSRT系統、仁川国際空港に向かう系統も加わって、多様な路線運行パターンが取られている。日本の上越新幹線でなぞらえれば、成田空港始発で、東京から高崎まで新幹線軌道を走り、在来線に入って渋川や沼田や水上に停まり、越後湯沢から再び新幹線軌道に戻って新潟に向かい、さらに在来線で村上まで行く、というような運行形態の列車もあるのだ。

車両も欧州と同じで幅が新幹線よりやや狭く、普通車が日本のグリーン車と同じ二×二列、一等車は片側一列・片側二列のゆとりある設計となっている。

これに対して台湾が、高速車両が専用新線内だけを走る新幹線方式を取ったことを「親日的」と喜ぶ向きもあるが、前述したように台湾の在来線の軌間は日本と同じ狭軌で、高速

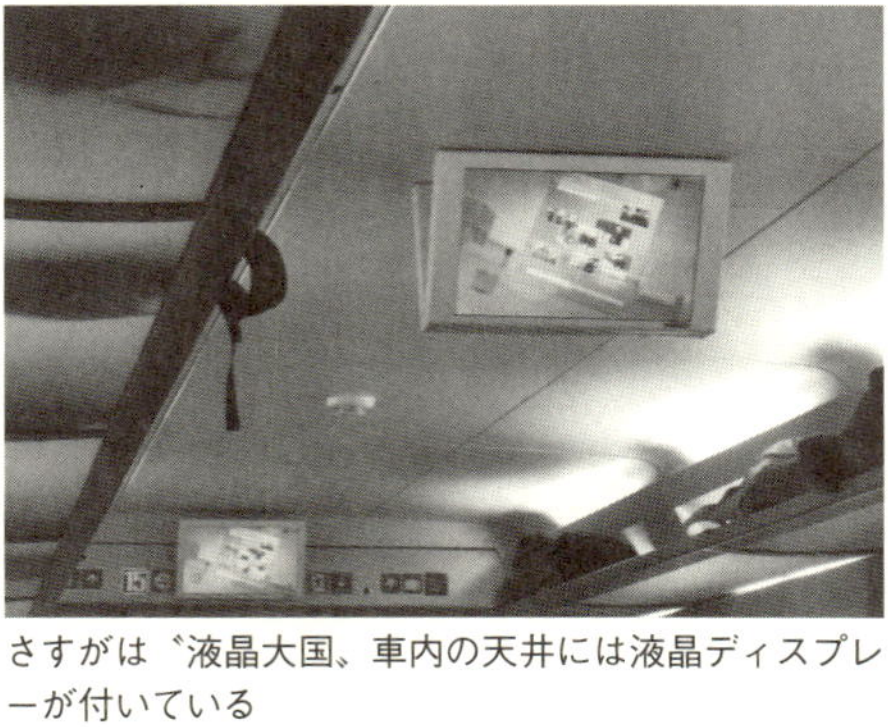

さすがは〝液晶大国〟車内の天井には液晶ディスプレーが付いている

車両が乗り入れできないのだから、これまた無理のない選択だった。だがコストダウンを図るあまり、台北を除いて不便な郊外駅が並ぶ結果となったのは、これまた前述の通りである。

いずれせよ以上は、戦前の大日本帝国が、島である台湾には日本と同じ狭軌の鉄道網を構築し、大陸である朝鮮では満州とシームレスにつながられる標準軌の鉄道網を拡張した結果なのだから、今の日本人があれこれ文句を言うべき筋合いはない。当時から日本人自身が、島国向けの方式と大陸向けの方式を使い分けていたのである。下関―東京間に構想されていた〝弾丸列車〟を標準軌とすることで、当時の関釜連絡船経由で大陸直通の列車を走らせることも想定されていただろう。こうした歴史的経緯を知っておくことは重要だ。

それはともかく、列車は平坦《へいたん》な高速新線を快調に飛ばし、冬枯れの田園地帯を抜け、二時間弱で光州松汀《クァンジュソンジョン》駅に到着してしまった。列車は引き続き在来線に入って木浦《モッポ》まで四十分弱走るが、そっちに回っていると光州の町を見る時間がなくなる。

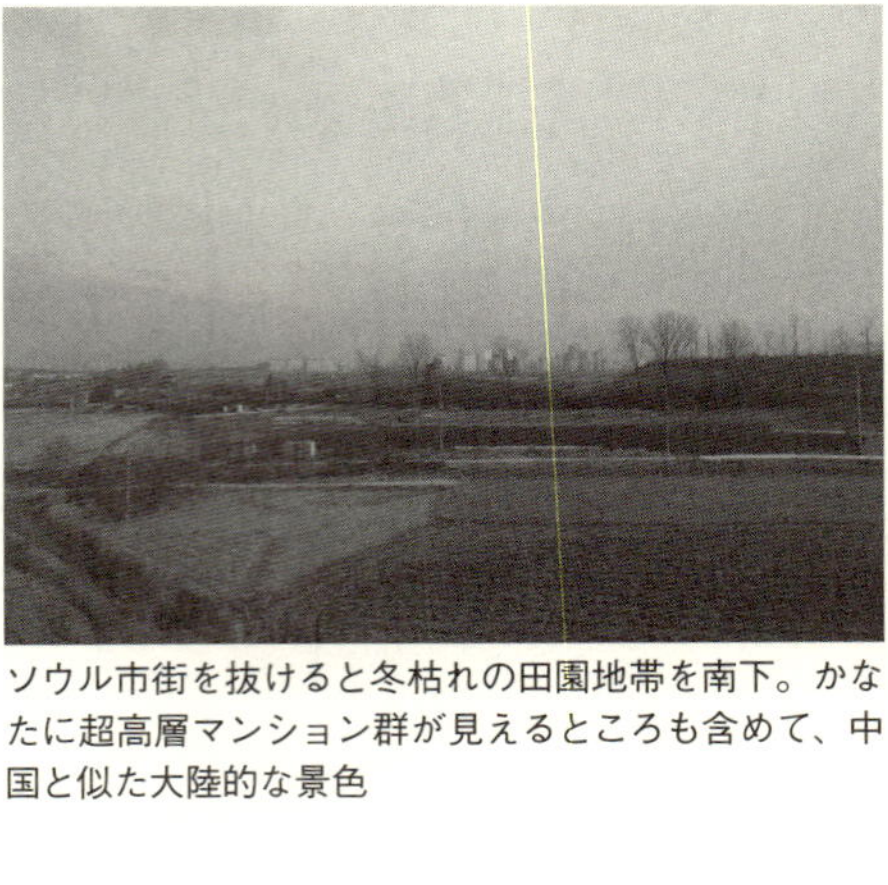
ソウル市街を抜けると冬枯れの田園地帯を南下。かなたに超高層マンション群が見えるところも含めて、中国と似た大陸的な景色

だが、降りてみた光州松汀駅前の風景は、いかにも町外れらしい雑駁《ざっぱく》なものだった。二カ月前の台湾で感じたのと同じ問題が、またしても同じように感知される。「いやぁ、この路線設計では光州市の発展は難しいな」と。

ACT4．ソウル一極集中を加速させる、韓国KTXの路線設計

ソウル南郊の龍山駅から、KTX（韓国高速鉄道、日本でいう韓国新幹線）の湖南線に乗った筆者は、二時間足らずで全羅道への中心光州にある、光州松汀駅に到着した。二カ月前に台湾で見たのと同様の、都心から郊外に遠く離れた駅の位置に、台湾と同種の、構造的な問題を知る。

予想以上に閑散とした光州の繁華街

光州松汀駅は、都心から十数キロ南西に離れていた。都心に近い在来線光州駅への連絡列車も毎時一本程度あるが（南海電鉄和歌山市駅とJR和歌山駅を結ぶ、JR紀勢本線の支線が思い起こされる）、十分おきに出る地下鉄の方が便利だ。ただし在来線が所要十五分なのに対し、地下鉄は二十五分ほどかかる。

町を歩くのには荷物が邪魔だが、幸い光州駅には指紋認証方式のコインロッカーがあった。預けるときに指紋を登録し、取り出すときは指でワンタッチだ。五年前にソウルの街頭にあった液晶画

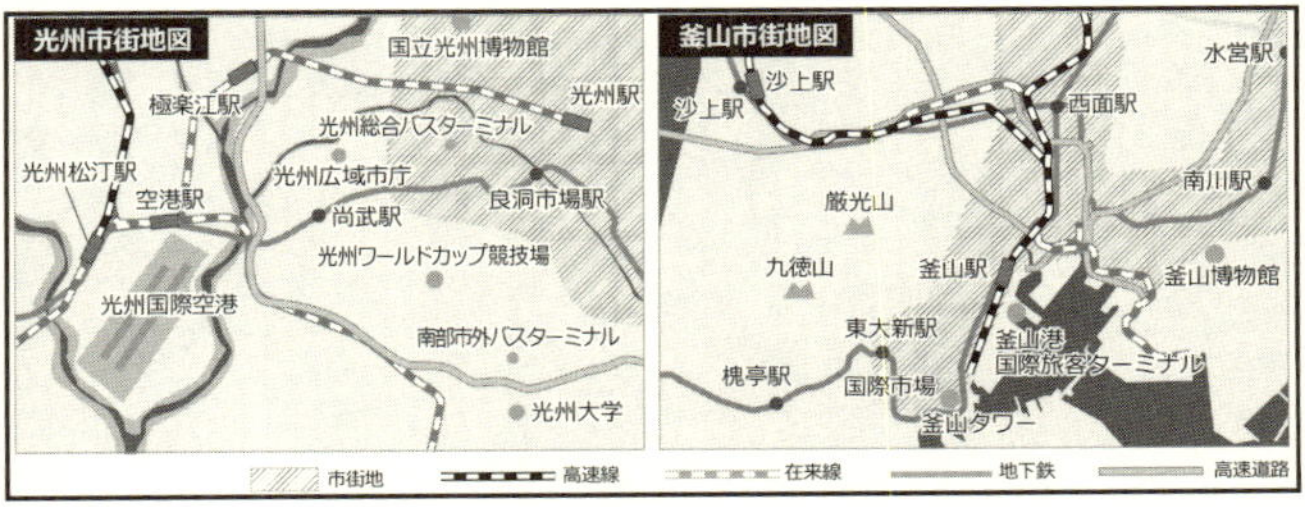

面の道案内地図が、タッチスクロールで表示範囲を動かせる仕組みになっていたのを思い出す。最近になって東京でもようやく、同タイプの案内板を見かけるようになったが、ことほどさように韓国のハイテクの進み具合は侮れない。

　釜山行きの切符も先に購入しておく。韓国の鉄道券売機は、列車でも地下鉄でも、日本語と書いてあるところにタッチすると、奇麗な発音の日本語で使い方を案内してくれる方式で、日本人にとっておそらく世界一使いやすい。だが釜山にＫＴＸで行くには、ソウル方向に五分の三も戻った五松《オソン》で乗り換えなければならない。高速道路経由のバスの方がずっと安くしかも頻発していることから、ＫＴＸを使う人はいないようで、販売機では釜山までの切符は選べなかった。そのため窓口で、光州－五松と、五松－釜山を分けて買う。

　それでもＫＴＸの料金は安い。最初の龍山－光州は四七〇〇〇円弱で、今回の光州－五松は二八〇〇〇円強、五松－釜山は四二〇〇〇円強だった。日本の新幹線でいえば、龍山－光州と五松－釜山は東京－豊橋、光州－五松は東京－静岡くらいの距離だが、料金は半値といったところだ。縦横に走る高速バスや、在来線の特急・急行との厳しい競争を反映したものだろう。

ソウル－釜山については、三十分おきにシャトル運航する飛行機との競争もある。距離は東京－米原と同等なので、日本であれば新幹線が独占する距離帯だが、韓国の企業はとにかく競争をあきらめないようだ。だがそのせいで、ＫＴＸは相当の赤字だという。

地下鉄に乗ってみると、二カ月前に台湾の高雄《ガオシォン》で乗ったのと同様、車両サイズを小さくして建設費を抑制した方式だった。車内はすいている。十三駅先のアジア文化センターで降り、そこからしばらくの間、都心を散策する。

光州市の人口は、仙台都市圏と同規模の百五十万人だが、歩いてみた商業地区は、雨模様の水曜の午後ということを割り引いても閑散としていた。街並みは妙に新しく、日本の多くの都市もそうだがその土地らしい匂いが乏しい。もう四十年近く前の話になるが、軍が民主化デモを鎮圧し多くの死者を出した光州事件に関する写真が、何カ所かに掲げられていた。

仙台であれば、四方からの在来線と地下鉄二線、それに新幹線がすべて仙台駅で交わる。それに対して光州駅は、西に十キ

光州松汀駅構内の指紋認証式コインロッカー。中央の画面に触ると韓日中英の四カ国語の利用案内を選べる

ロ以上離れた本線から引き込んだ支線の終点だ。昔からの線形ではあるが、おかげで車社会化が早くから進み、都市機能もかなり郊外に拡散しているのだろう。そこにKTXが開業し、全羅道内各地から光州に寄らずにソウルに直接人が流れてしまう構造が、さらに強化されてしまっている。

唯一ソウルに対抗して気を吐く釜山

光州松汀駅に戻り、清州《チョンジュ》市の郊外に新設された五松駅まで、一時間（百八十キロ）北上する。五松駅は、周辺に市街地集積がなく通過列車も多いのに、ホームが三面六線と、台湾や日本とは違って、中国に似た大時代的な造りだ。在来のローカル線とも直交しているが、残念ながら本数は少ないようで、しばらく見ていたが在来線ホームには列車は来なかった。

五十分少々待って乗った釜山行きは、地下鉄もある大都市の大田と大邱のそれぞれの都心を通るのだが、十八時を回ってしまって車窓は暗く、筆者はパソコンを開いて、メール返信と講演資料作成に没頭する。

光州の大通り。日本の地方都市とよく似てあまり個性が感じられない

十九時半前、五松から二時間弱で釜山駅に到着した。複雑な地形をした海岸沿いに細長く拡大した都会で、温泉あり、日本にはない食材の並ぶ海鮮市場あり、展望台ありと、観光資源に事欠かない。だが釜山駅は、市内の二大繁華街のはざまの港の前にある。日本植民地時代に、下関と直結する関釜連絡船と接続するように設けられたからだろう。現在でも関釜フェリーが運航するが、日本への旅客流動の主役は飛行機と、博多港まで三時間弱の高速船・ビートルに移っている。コンコースの端のデッキに立つと、目の前の港から海の匂いが立ち上って来た。

地下鉄で北側の繁華街・西面《ソション》まで戻り、町を歩くと、光州にはなかった泥臭い雑踏があり、一極集中で肥大化するソウルと比べればずっと小さいけれども負けないぞ、という気概のようなものが伝わって来た。

だがKTXは、この町の中枢性拡大に役立つ路線設計ではない。駅からは地下鉄に乗らなければ繁華街に行けないし、近隣主要都市の蔚山《ウルサン》や浦項《ポハン》、慶州《キョンジュ》から釜山へは、KTX駅が郊外に離れすぎているか、ソウル行きしかないかで、使うに使えない。

以上、乗ってみたKTXは、他都市をソウルに直結する機能

光州の中心商業地区。奇麗だが人通りは少なめ

に特化した交通機関だった。対して日本の新幹線は、同じように東京中心の路線構造とはいえど、大阪以下の主要都市の個性もあり、国土の大きさもあって、東京以外の諸都市間の輸送でも大きな意味を果たしている。

たとえば九州新幹線沿線から東京まで乗り通す人は非常に少ないが、九州各地から広島、岡山、神戸、大阪までは確かな需要がある。函館－東京も飛行機の方が優位だが、もともと北海道南部には東北から入植した家系が多く親戚づきあいなどが続いていることから、函館から青森、八戸、盛岡、仙台への流動は新幹線開通でぐっと増えた。そのような多様な、途中駅間の移動パターンが、韓国ＫＴＸの場合にはあまり生み出せていないのではないか。

多極分散型の欧州や中国と、一極集中の韓国や台湾の中間にある日本は、どちらの方向を目指すべきか。やはり都市ごとの個性が輝く分散型構造に進んだ方が面白い。韓国でもそうありたいと願う人が、もっと増えていく時代とならないのかな、といぶかりつつ、翌朝にこの国を後にした。

釜山駅のコンコース端にあるデッキから釜山港を見る人たち

ACT5. 個性は無用、高頻度・大量輸送に徹する中国高速鉄道

中国の高速鉄道網（時速二〇〇キロ以上での走行区間）は、いまや、北は満州のチチハルから南は海南島《ハイナンタオ》内、東は北朝鮮国境近くから西は西域のウルムチまで、広大な国土に張り巡らされ、総延長は二万キロを超えている。

二〇一一年七月に死者四十人を出した温州《ウエンヂョウ》での追突事故は、今でも多くの方がご記憶だろう。確かに、新幹線が「追突」した上に、当局が「現場に事故車両を埋めようとしていた」という話にはあきれるしかなかったのだが、以降六年以上、目立った事故の報道はない。現状はどうなっているのか、乗らずして実態を語れるわけもないのである。

北京－上海を五～十五分おきに定時運行

温州での事故当時からそう考えていたところ、早くも二〇一二年一月に機会が巡って来た。雑誌記事のための現地取材で、北京《ペェイヂィン》から上海へと移動する際に、両市を結ぶ「京滬高速鉄道《ジングウガオスゥティエルゥ》」を試し乗りできたのだ（「滬」は上海の略称）。

北京側の発駅である北京南駅《ペェイヂィンナァン》は、都心の天安門《ティエナンメエン》広場から八キロ弱南に下がった場所にある。東京

駅―品川駅と同じ距離だが、北京市内の主要交通機関である地下鉄では、一回乗り換えとなる。市街地の反対側にある空港からは乗り換え二回だ。

しかし乗車当時の筆者は、個人旅行ではなくお抱え主のあるビジネス旅行の途中だったため、駅まで送迎のリムジンがついていた。リムジンというと聞こえはいいが、駅の入り口で渋滞してなかなか前に進まない。「こんなことなら地下鉄で来れば早かった」と思ったが、空港仕様で造られた大きな自家用車送迎場から入ると、地下鉄から上がって来たのとは違う改札口から、列に並ばず入れる構造になっていた。

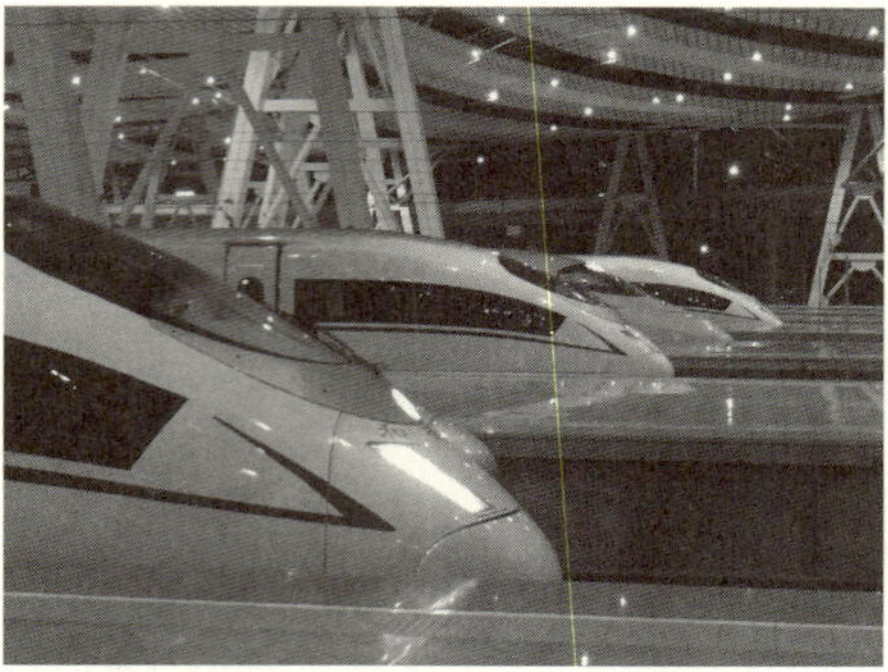
上海虹橋《シャンハイホンチャオ》駅に並ぶ和偕号《フーシィエ》。先頭車両の形状は、技術導入元の国によって違う

コンコースの電光掲示板が目を引く。上海まで一三〇〇キロ超、五時間内外の距離を、東京発ののぞみと同レベルの五～十五分おきに電車が運行しているではないか。

「正点《チァンディエン》」という表示が並んでいるが、定刻発車ということだろう。確かに遅れを一、二分以内に抑えなければ、この本数の高速運行は難しい。中国高速鉄道は、日本の新幹線の高頻度運行システムをきちんと踏襲しており、かつそれをより大きな規模で実践しているわけだ。

今回は切符も支給されていたので、自動改札に通して下に降りると、ピカピカに掃除されたプラットフォームが十三面も並び、先頭形状のこもごも違う列車が並んでいる。中国高速鉄道の車両は、日本・ドイツ・フランスから導入した各種方式の寄せ集めでできており、実に世界の高速鉄道技術の見本市のような状況を呈しているのだった。ただしどれもぴったり十六両編成なのは、日本の東海道新幹線のスケールをそのままコピーしたためだろう。

列車の名称はすべて「和偕号」で、色も一様に白色系だ。駅や車内で売ってい

チケットは飛行機や沖縄都市モノレール（ゆいレール）と同じＱＲコード方式

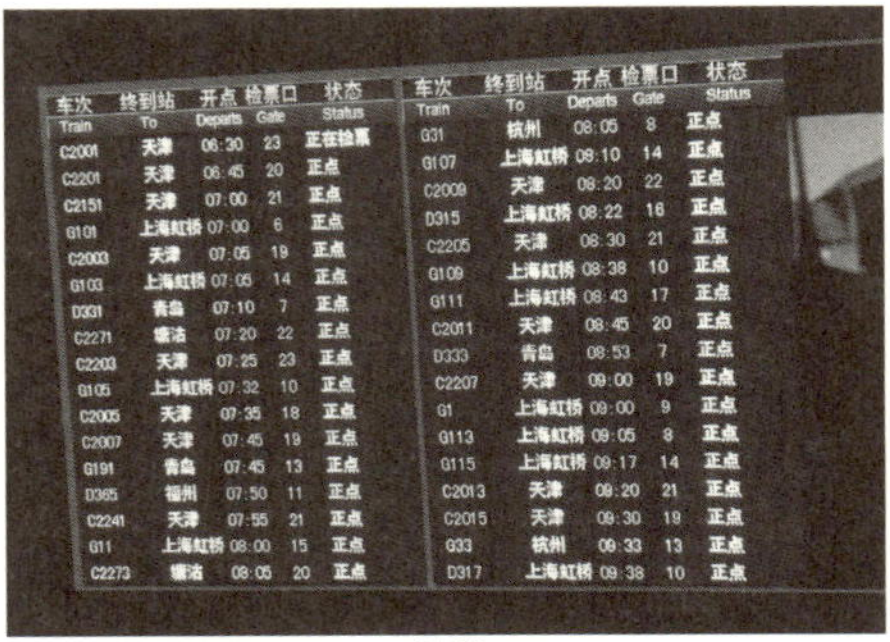

北京南駅の電光掲示板。杭州《ハンゾウ》行きも含め上海まで五〜十五分おきに列車が出る

る弁当やスナックも全国共通のようで、残念ながら郷土色は皆無である。ＪＲ東日本系の新幹線のように、行き先ごとに多様な名前とデザインの車両が走り、地元の味が楽しめるとおもしろいのだが、中国のこの現状は、東海道新幹線をさらに無味乾燥にした感じだ。

　ちなみに日本はもちろん台湾や韓国でも駅弁はおいしいが、中国の場合にはいただけない味である。どうせ全国統一なら、これくらいは全国一斉に改善してほしいものだ。

　中国政府が、この高速鉄道システムを「中国製」と称して世界各地に売り込んでいることは、日本で強く批判されている。だが、これはある外国人が以前から指摘していたことだが、日本人が「日本の優れた新幹線システム」と力めば力むほど、外国人は買わないだろうというのだ。言えば言うほど、「あのマメでクソ真面目な日本人でなくては運用できないシステム」と聞こえてしまう、というのである。その点（中国人には失礼だが）「中国で広汎に定時運行しているシステム」と聞けば、「自分たちにも使えるかもしれない」という印象を与えやすい。だからといって、他国から導入した技術を組み合わせて、「中国製」と売

普通車の車内。日本の新幹線のコピーのような２×３列

って歩くのはいかがなものかとは思うが、商売は客の側から考えなくては、売れるものも売れなくなるということは自覚しておいた方がいいだろう。

中原の沃野を抜け長江を渡る

定刻発車した列車は、北京郊外を抜け、天津《ティエンチィン》市の西郊外をかすめる。線路は、旧来の市街地や集落を無視して直線的に引かれ、無数の貧しげな農村集落の隅を、まったく我関せずという姿勢で突っ切っていく。途中駅は主要都市の郊外にあり、周囲には超高層住宅がニョキニョキと新築されている。二十一世紀と十九世紀が併存する世界だ。

山東省《シャンドンシェン》の斉南《ジーナン》を過ぎるとしばらくの間丘陵地帯を走るが、孔子《コンジィ》の故地である曲阜《チュウフゥ》を過ぎるあたりから、古来「中原」と呼ばれた華北の沃野《よくや》が続く。高速走行でうまく写真が撮れなかったのだが、車窓に延々とトウモロコシ畑が続く景色からは、十四億人を抱えるこの国が曲がりなりにもエネルギーの八割と食糧の大半を自給しているという事実が思い起こされた。

しかし燃料は、国産の質の低い石炭を使うことで賄われているため、冬の空気の悪さは言語を絶する。沿線各駅で短い停車時間の間にいちいちホームに降りてみたのだが、車外には常に、練炭を燃やした煙の臭いが強く漂っていた。この点は北京では最近急速に改善されたとも聞くのだが、地方ではどうなのだろう。

南下をつづけた列車は南京《ナァンヂィン》の西郊で、幅二キロほどの長江《チャンジアン》を渡る。ここからは長江南岸の平野を東に進むのだが、改革開放が早く進んだ地域だからか、沿線には住宅と工場と高層住宅が切れ目なく続くようになった。

雑駁《ざっぱく》な景観の中を進んだ列車は、定時に終点の上海虹橋駅に滑り込んだ。ホーム十六面と、北京南を上回る巨大な駅であり、二本の地下鉄で都心と結ばれている。浦東《プートン》空港に次ぐ上海第二の空港である虹橋空港にも隣接する交通の一大拠点なのだが、半時間近く地下鉄に乗らねば都心には着かない。町のど真ん中に新幹線駅があることに慣れている日本人としては、不便に感じられる。

途中駅の周辺ではどこも高層住宅の開発が進む

上海の都心「バンド地区」の夜景

それを言うならむやみに駅施設が大きいのも、駅前や駅の中での歩行距離が延びるだけなのだが、そのあたり大陸的スケールで何でも大きく作ってしまう中国人と、島国の日本人の感覚はまったく違うのだろう。

二面四線に数分おきに新幹線列車の来る名古屋駅や品川駅を見た中国人は、逆にどのように感じるのだろうか。何でも折詰弁当のようにしてしまう日本は、実にちまちました国だと思うのか、芸が細かくて効率的だと関心するのか。

このあたりの対比は、広い街路が縦横に走り建物が整然と並ぶパリと、狭い街路がくねり建築物にも秩序のないロンドンの比較とも似ている。だが都市圏人口の大きいのは、パリよりもロンドン、北京や上海よりも東京なのだ。土地の狭い島国の方が、何でも詰め込むのが得意になり、結果として町も大きくなるということなのかもしれない。

その晩に歩いた、上海の夜景の名所バンド地区。どんなに水が汚くても、ライトアップを徹底すれば、百難は隠れる。無数の高層ビルの明かりと、行き交う貨物船や遊覧船

飛行機のビジネスクラスのような特等席の車内。サービス係が勝手に座って休憩していたのはいかにも中国らしい

の明かりがゆらめく川辺を歩きながら、中国にばかり日本を真似《まね》させていないで、こういうショーアップのやり方は、日本こそさっさと中国の真似をするべきだと、つくづく感じたのだった。

第6章

南北米州の隅っこから、二十一世紀の地球が見える

一万四〇〇〇年前の氷河期に、当時陸続きになっていたベーリング海峡を渡ったアジア系の狩猟民は、その後千年もしないうちに南北アメリカ大陸の各所に到達。ある者は狩猟を続け、ある者は農耕を発明し、ある者は金属の精錬方法を発見し、いずれにせよその土地土地の気候風土の中で持続可能な生活様式を編み出した。

そこに欧州人が侵略・入植を始めたのはわずか五〇〇年前。以降、先住民と侵入者の相克と混交が重なり、旧世界とはいささか毛色の異なった新世界が成立したのである。総じて資本主義色が強く、貧富の差も大きいが、隣り合う国家間で軍事的に対峙している例は非常に少ない。二度の大戦の戦場にもならなかった。

そのような特色のある南北アメリカ大陸の中の三点を、ピンポイントで訪れ感じた、われわれ旧世界住民の未来への示唆。

ACT1. 典型的な米国の地方都市に戻った、かつての航空拠点・アンカレジ

アンカレジ。一九八〇年代半ばまで、日本と欧米を最短で結ぶ航空便が給油した町。乗客はアンカレジ空港で二時間ほど降ろされ、免税品店は日本人の爆買いで賑わった。

しかし機体の航続距離改善で北米線の給油は無用となり、ソ連崩壊後のロシア上空の航空路開放を受けて欧州線も立ち寄る必要がなくなり、以来三十年。すっかり聞かなくなったこの町は今、ど

んな感じになっているのか。

そのような好奇心から世界最北の大都市に足を運んでみて気付いた、二十一世紀的〝住むべき場所の選び方〟とは。

ひょうきんな熊の写真がお迎えするアンカレジ空港。ヒグマと同じ種類なので、実際は近寄ると危ない

アラスカ航空は先住民イヌイットの顔がトレードマーク

拡散を極めた米国の都市の一典型

二〇一六年九月末。成田から九時間で、米国本土で一番日本に近い町・シアトルに飛ぶ。それから三時間半かけてアラスカのアンカレジへ。同じルートの上を、五分の二逆戻りする形だ。日本から直行便があれば六時間のところ、乗り継ぎ含め十五時間。今回は東海岸での講演にくっつけて一泊だけ寄ってみたのだが、シアトルからの往復運賃だけで九万円弱も余計にかかった。我ながら物好きとしか言いようがない。

飛行機は右旋回し、氷河を抱く山脈を左側に見ながら着陸する。最後の方で遠く北方にひときわ大きくそびえていたのが、かつて植村直己が遭難した、北米最高峰（六一九〇メートル）のデナリ山（マッキンリー山）だ。筆者も大学三年夏の米国貧乏旅行の際に、ソウル発ニューヨーク行きの大韓航空機でここを経由し、ターミナルの展望台から同じ山々を見たはずなのだが、もう記憶は薄い。

ソ連崩壊前の一九八九年、日本航空（ＪＡＬ）のアンカレジ経由欧州線は十路線あった。だが前述の通りアンカレジで途中給油を行う必要がなくなり、またロシア上空が解放された結果として迂回の必要がなくなり、現在アンカレジを経由する路線はゼロだ。しかし、米国とアジアを結ぶ貨物機は、今でもこの空港を経由する。アンカレジを経由することで給油回数は増えるが、一フライトあたりの航続距離を短縮することができる。そのため搭載燃料を減らし、その分だけ貨物を多く積むことができるからだ。

アンカレジ空港の年間の貨物取扱量（二〇一五年）は香港、メンフィス（米国テネシー州）、上海に次いで世界第四位、二六二万トンもある。（ちなみに航空貨物取扱量で日本最大の成田空港は二一二万トンで世界第八位）。アンカレジ空港の重要性は、国際物流の世界ではいまだ健在というわけだ。

だが旅客は国内線が中心で、コンパクトに建て替えられたターミナルに人影はまばらだった。もちろん免税品店も、北米初だったうどん屋も無くなっている。ターミナルを一歩出ると、透き通った午後の秋空が広がっていた。

北緯六十一度に位置するアンカレジは、人口三十万人以上の都市圏としては世界最北に位置する。これより北にあって曲がりなりにも都市といえるのは、アイスランドの首都レイキャビクとシベリアのヤクーツクくらいしかない。東アジアでいえば、サハリンより北にあるカムチャツカ半島が北緯五十度代後半なので、この町の北への外れ方がわかるだろう。

観光客向けの店が並ぶアンカレジ中心部も、九月末は早くも休眠期

しかしどんなに北であっても、米国人のつくる町はなぜか常に同じ構造をしている。木造一戸建てを基本とする住宅街がとんでもなく広範囲に広がっており、そこを道路が碁盤の目状に結んでいる。よほどの大都市でない限り軌道系の公共交通機関はない。

都心（ダウンタウン）はどの町にも存在するが、面積は市街地のうちの数％もない。ここアンカレジの場合も、都心にはオフィスビルと都市型ホテル、それにデパートやショッピングセンターが、都市の人口規模の割にはごく少なめに建っている。デパートや都心型ショッピングセンターは、アメリカでは普通、アンカレジよりももっと大きな都市でなければ成立しない業態だが、あにはからんや客はあまりいない。街路を見渡しても人はほとんど歩いていない。

日本人がよく行くニューヨーク、サンフランシスコ、ボストン、シカゴ、ワシントンDC、シアトル、それにオレゴン州のポートランドなどは、都心にも人の集まる空間のある、例外的な町である。宿も都心にあるものは狭くて古くて高いことが多く、普通の米国人は郊外に無数にある低層型

早くも木々が色づいた海辺の公園。夕日に映えていた

のモーテルに泊まる。

ということで筆者は、米国旅行では空港でレンタカーを借りるのを常にしてきたのだが、今回は市街地を歩くことだけに行動を限定、都心の古いホテルを予約し、空港から市内への移動も市バスを使うつもりだった。

しかしその市バスが、一時間に一本しかない。アメリカでは公共交通は市当局が税金（多くの場合地方消費税）で運営するものであり、料金は一ドル程度と安いが、そのぶん使いやすいダイヤ設定などは望めないのである。待ち時間がありすぎて、結局二十ドル少々を払いタクシーに乗ってしまった。二十分ほどでホテルに着く。

所在ない市街地のすぐ先に大自然が広がる

アンカレジ（Ａｎｃｈｏｒａｇｅ）を日本語訳すれば「投《とう》錨《びょう》地」。一九一四年、アラスカ鉄道を建設する際に、中間地点だったここに資材を陸揚げしたことにちなむ。明治の日本でも東海道線の建設時には、知多半島の武豊《たけとよ》に資材を揚げ、

木曜日の夕方だがショッピングセンターは閑散としている

大府《おおぶ》まで軌道を引いて（現在のＪＲ武豊線）、そこから東西に線路を延ばしていった。

愛知県武豊町は現在では小ぶりなハイテク工場町だが、アンカレジは港の横にある平坦《へいたん》な高台が市街地として発展し、その後何十倍もの面積に拡散、州の人口の四割が集中して住んでいる。といっても都心の大きさは、北海道帯広市の市街地に毛が生えたくらいの感じだ。

市街地の北の坂を下りると、そのアラスカ鉄道のアンカレジ駅があった。市街地は紅葉真っ盛りの秋だが、奥地はもう冬支度となっているようで、ここから南北に向かう観光列車は、オーロラ観光列車が走る真冬までは運休となっている。

というわけでアンカレジ駅の利用者は一人もいないのだが、なぜか建物には入ることができた。入ったらちょうど夕方五時となり、「今日はおしまい」と追い出される。開いている時間、係員は何をしていたのだろうか？

坂を上り直して、ショッピングセンターへ。都心に商業施設が残っているだけでも同規模の米国の都市の中ではましな方だが、中は閑散としている。州の主産業はエネルギーと観光なので、原油価格の低落に伴う不況の影響か、そもそも観光シーズン以外はこんな感じなのか。

近隣の公園のベンチには、数人のホームレスが厚着して座っていた。冬の間だけは慈善団体か何かがシェルターを用意するのだろうけれども（そうでなければ生きておられまい）、それ以外のシーズンはこうして野外で所在なく過ごしているのだろうか。

同じアメリカでも、いくらでも暖かい地方もあるのに、何でわざわざアンカレジでホームレスをしているのだろう。彼らの姿をみているうちに、住人にしても、なぜここに住んでいるのか不思議になってきた。「仕事があるので仕方なく」という人もいるだろうが、当地の産業といえば、前述の航空貨物関係のほかは、アラスカ各地の石油採掘基地のバックアップ、そして観光関連くらいだろう。アラスカの州都・ジュノーは、飛行機で二時間近く南に下がった島にあり、アンカレッジに州政府機能はない。この程度の産業規模であれば、人口は十数万人程度と今の半分以下になってもおかしくはない。仕事に関係なく、ここを選んで住んでいる人もいなくては帳尻が合わないか、彼らを惹きつける魅力とは何なのだろう。

想像通り寂しい市街地に、当方も所在ない気持ちになり、海辺でも歩いてみようと西方に向かう。丘から海を見下ろす公園に出ると、黄金の紅葉が青空に映えるその先に、広大な湾が、波一つなくたたずんでいた。アンカレジの真価が、ようやく目の前に現れ始めている。

アンカレジ湾を眺める住民。これがこの街の日常の景色

ACT2. アンカレジ 大自然に何重にも包み込まれた、小さな小さな人工空間

快晴に紅葉が映える、シーズンオフのアンカレジの街。とはいえ予想通りの都心の閑散ぶりに寂しくなり、足は市街地西方の海岸沿いの公園に向かう。すると、期待を超えて壮大な、混じり気のない大自然が現れた。

海沿いの遊歩道を堪能する

台形をした高台の上に広がるアンカレジの都心は、北西端がアンカレジ湾に面する斜面となっている。そこには海を眺められる公園が幾つか設けられ、周辺は中の上といった感じの住宅地となっていた。

夕暮れが近づきつつあるので逆光だが、静謐《せいひつ》にたたずむ広大なアンカレジ湾と、そのかなたの対岸にある山々を展望する。運が良ければクジラの群れが見えるらしいが、見渡す限り波一つ、潮吹き一つない。夏はここから観光クルーズ船が出るのだろうが、船も一艘も見えない。

斜面の下には、南に向かうアラスカ鉄道が海沿いにぐるりと敷設され（たまに貨物列車が通る）、その下を潜る歩行者用トンネルは、海辺のトレイル（遊歩道）の入り口のようだった。ガイドブックの地図の範囲外であり、しかも当時はスマホも持っていなかった。他所へ抜けられるのか、行き

止まりで戻って来なくてはいけなくなるのかわからなかったが、何とかなりそうな直感があったので行ってみることにした。

鉄道と海の間に設けられたトレイルを南西に向かう。周囲は紅葉に彩られ、車の音はもちろん、波の音も風の音もしない。時折行き交う地元民も、去りゆく秋をゆったりと全身で惜しんでいるのか、物静かな人ばかり。小高くなったところにあるベンチでは、三人の老人が、黙って座り込んで海のかなたを見つめていた。都心の真横で、この絶景の道を散策し、ジョギングし、サイクリングできる町は、世界でもまれな存在ではないだろうか。

二、三キロ歩くと、海と砂嘴《さし》で区切られた湖に出た。幸い地図の看板があり、これがウエストチェスター・ラグーンであることを確認する。海沿いの道はここからまだ二十キロは続いているようだったが、さすがに距離がありすぎて自転車がないと踏破は無理だ。ここで海を背に東に向かい、都心の南端に出ることにする。

黄金色に染まる海岸沿いの遊歩道。市民の散策の場になっている

絶景を堪能した後に立ち帰る現実

次第に沈んで来た夕日が、東方のかなたにあるチャガック州立公園の山々を照らし、その姿が鏡のような湖面に映っている。これまた絶景だ。湖の周囲の高台にはゆとりをもって一戸建てが並び、住人は日々この大自然を堪能できる仕掛けになっている。

台地上の市街地に、南端から上がって戻って来た頃合いで、そろそろ本当に夕日が沈み始めた。再び西の方に急ぎ、先ほど歩いた海岸を今度は丘の上から展望する。澄んだ秋の空気の下、「壮絶」な夕焼けを堪能した（口絵）。

なぜアンカレジに四十万人近い都市圏人口があるのか、ようやく理解できたような気がする。「山と海が何より好きで絶景に囲まれた暮らしをしたいし、アウトドアも楽しみたいが、ある程度の都市機能と外国への足もほしい。そのぶん冬が酷寒でも平気だ」という人には、ここはおあつらえ向きの居住地だろう。引退した年代の人はもちろん、アウトドアマニアの若者でも、年金なり相続なり、何かの理由で得たお金を糧に、ここに住み着く人がいるのだ。

ちなみにノルウェーの北の方や、ニュージーランドの南島、チリの南部などでも、同等の絶景をほしいままにする暮らしを、アンカレジよりは幾分温暖な気候のもとに営むことができるだろう。だがノルウェーは諸物価がとても高いし、ニュージーランドの南島は諸外国からあまりに遠い。チリの南部も同じように世界から隔絶しているうえ、手近に大きな町がまったくない。

そういうことをあれこれ考えると、富山県の氷見あたりで富山湾越しに北アルプスを眺めながら、世界一の寿司ネタやうまい酒を堪能して暮らすのが、世界的に見ても一番素晴らしい暮らしなのかもしれない。公共交通もアメリカに比べれば格段に充実しているし、街並みもシックだし、里山の恵みも豊富だし、東京にだってすぐ出て来られる。残念ながらその自覚なく、氷見市の人口は減る一方だが。

そう、日本人は未だに、「人口集積は産業集積の結果だ」と勘違いをし、「仕事があるから」と称して都会に集まりたがる。そうではなく二十一世紀の地球では、人口集積は個人消費の結果としても形成されるものなのだ。アメリカでいえば、都市圏人口一千数百万人と大阪と同等の規模を持つロスアンジェルス都市圏に、それに相応した産業機能はない。ハリウッドやディズニーランドの観光と、石油化学に戦闘機などの軍需産業と、ロングビーチの港湾機能くらいしか、全米的にみて意義のあるものはないのだ。だが、温暖な気候を好む富裕層が全米から集まることで、その消費が小売や各種サービス業の生態系を形作り、無数の付随的雇用を生み出して

湖畔の住宅。長い冬に耐えわずかな夏を楽しむためのつくりが見て取れる

いる。基本的に沼地しかなかったフロリダ州に二千万人もの人口があるのも、同様のメカニズムだ。

南カリフォルニアやフロリダの温暖な気候を好む者が数千万人いるのなら、酷寒の中に凛と高峰がそびえるアラスカの気候を好む者が数十万人いてもおかしくはない。ということで、膨大な個人金融資産を抱える日本でも、そろそろミニフロリダやミニアンカレッジが形成されて来ておかしくなはいと、筆者はずっと思っているのだが。

素晴らしい夕焼けに遭遇しすっかりご機嫌になった筆者だったが、市街地へ帰ると米国の現実に直面することになった。なにか郷土色のある夕食でもいただこうと思ったのだが、ガイドブックに紹介されていた戸建てのレストランは、もうシーズンオフだからということなのか、閉まっていた。他にはこれまで歩いてみて、ファストフードかハードロックカフェくらいしか見かけていない。ハードロックカフェは本当にどこにでもある店で、別の機会に訪れた南緯五十五度の世界最南端の都市・アルゼンチンのウシュアイアにもあったが、筆者は入ったことはないし、入ることもないだろう。これが氷見であれば、ハードロックカフェはな

米国の中規模都市の典型的な都市景観

いが、氷見にしかない味がいくらでもある。ただしタバコをまったく受け付けない体質の筆者なので、飲食店内全面禁煙を実施していない点で世界の中の孤児のようになりつつある日本では、普通の居酒屋に入ることがまったくできないのだけれども。

高級ホテルのレストランならいくつかあったので、そちらに入る手もあった。だが飛行機を乗り継いできたばかりでそこまでおなかは空いていないし、ステーキはあるだろうがローカルなメニューの充実度は不明だ。

レストランを探しあぐね、結局閑散としたショッピングセンターへ戻ってきてしまい、五階のフードコートでありきたりなタコスを注文する羽目になってしまった。「シーフードの本場でタコスだなんてバカじゃなかろうか」と我ながら自問してしまったのだが、ちょうど良い手頃な店が少なく、高級レストランかファストフードの二択を迫られるのが米国の現実でもある。

翌日、朝焼けの山並みを遠望しつつ市街地を散歩した後、時間を調べておいた市バスに二十五分ほど乗って空港に戻り、そそくさとこの町を後にした。飛行機の窓から、今度は真下に、アンカレジ都心の全体が見える。大自然に何重にも包み込まれ

上空から見たアンカレジ。都心部分は本当に狭い

た、本当に小さな小さな人工の空間だった。陸路をたどればカナダの内陸を経て三六〇〇キロ余り、ひた走っても三、四日はかかる距離を、三時間少々の空路でシアトルまで戻る。

アラスカに来たのに、氷河観光もせず、観光鉄道にもクルーズ船にも乗らず、オーロラも見ず、シーフードも食べない。ただただ燃えるような紅葉に彩られた市街地と、静かな海とかなたの山並みを見て、十数キロばかり歩いただけ。わざわざシアトルから九万円も払って訪れたアンカレジでやったことといえばそれだけとは、何とも愚かなようだが、筆者の好奇心は満たされ、右脳の中ではアルファ波が幸福の交響楽を奏でていた。

ＡＣＴ３．パナマの地形の妙 南アメリカに人類を呼び込み、その後裔のインカ帝国を滅ぼす

南北アメリカ大陸をつなぐ国パナマ。細長いパナマ地峡をパナマ運河が横切る地。パナマ帽、あるいはパナマ船籍といった言葉も聞くが、商社マンか航海士でもない限り、なかなか行く機会はないだろう。年配の方なら、ブッシュ（父）政権時代に米軍が侵攻し、ノリエガ将軍の軍事独裁政権を倒したというニュースをご記憶かもしれない。ブッシュ（子）政権時代に同じく米軍が侵攻したアフガニスタンやイラクやリビアは、その後も混乱を極めたまま現在に至るが、パナマはいったい今どうなっているのか。

世界の物流の要衝に身を置いて初めて感じ取れた、二十一世紀の国際経済社会が前世期までとちがう点とは。

太平洋岸に現れる摩天楼

二十年以上も前だが、マヤ文明の遺跡を見たついでに、パナマに寄ろうと考えたことがある。だが当時のガイドブックに「世界でも有数の治安の悪い国」とあったので断念した。

ところが最新の版には「治安は基本的に良好」と、まるで別の国のようなことが書かれている。最近は地下鉄も開通したらしい。地下鉄を新規に建設し運営できるということは、途上国を卒業し中進国になったというサインだ。

そこで二〇一七年八月、アンデス地方を旅行した帰路に、コロンビアの首都ボゴタから一泊二日でパナマに往復してみた。

パナマは、南北アメリカ大陸を結ぶ地峡の一番狭い部分を占める。氷河期に陸続きだったベーリング海峡を渡って北アメリカに入った人類は、獲物の大型哺乳類を求めてこの地峡を縦断、

摩天楼のそびえるパナマ市街。右手は太平洋

南アメリカ大陸にも拡散した。その遠い子孫が、アマゾンの先住民になったり、インカ帝国などを築いたりしたわけである。逆に言えばここに地峡がなければ南アメリカは、いわゆる大航海時代まで、無人の大陸のまま残っていたかもしれない。

だが二十一世紀の今になっても、パナマから地峡伝いにコロンビアに抜ける道路はない。トレッキングできる小道すらないらしい。あるパナマ人は「コロンビア側のジャングルには反政府ゲリラがいて、危なくて工事なんかできない」と言っていたが、そのゲリラがついに武装闘争を放棄したので（コロンビアの大統領は、それにより二〇一六年のノーベル平和賞を受賞した）、今後は状況が変わるのだろうか？

それはともかく、ボゴタからパナマ（市）までは空路で西に二時間、往復四万五〇〇〇円だった。ちょうど東京から長崎へという感じだ。標高二六〇〇メートルの高原から海沿いに下りて来たので、空港の外に出てみると空気も湿気も濃い。

タクシーで南西方向に向かうと、シンガポールをややすすけさせ、ドバイをやや小ぶりにしたような感じの、海辺の摩天楼が見えてきた。世界の富裕層の金融投資の実態を暴く「パナマ文書」で

二〇一四年に開通したパナマ市の地下鉄。清潔でよく利用されていた

も有名になったが、当地は租税回避を狙う資産家が利用する世界七大オフショア金融センターの一つなのだ。

とはいえ、総人口四〇〇万人という小国の首都にしては超高層ビルが多すぎる。どうもその多くは、オフィスではなくマンションだ。南北アメリカはもちろん中国の富裕層にも売れているらしい。湿気が高く、太平洋に面して塩気も強い場所なので、工事をよほどきちんとしていない限り建物の劣化は早いと思うのだが。

ホテルをとった新市街の北東端から、地下鉄に乗って南下してみる。フランスのアルストム社製の真新しい車両が、およそ五分間隔で走っているが、細長い町の枢要な部分を結ぶ使いやすい設計なので、地元の人で混んでいた。

地峡が生んだパナマ、地峡が滅ぼしたインカ帝国

太平洋岸のこの場所にパナマ市が築かれたのには、地理的な必然性があった。大西洋と太平洋が最も接近し、地峡の他の部分と違って間に山脈もなく、一番横断しやすい場所なのだ。

一四九二年にバハマ諸島を発見したコロンブスは、一四九八

地下鉄駅と旧市街地をつなぐ商店街に出された露店

年に大陸まで到達、一五〇二年の四回目の航海でパナマ沿岸を探検している。だがこの低い陸地の反対側にもう一つの大洋があるということは、どちらがどちらの言葉を学んだのか、原住民と意思疎通ができるようになるまで分からなかった。

スペイン人のバルボアが、原住民の情報を元に、七十キロのジャングルを横断して太平洋岸、現在パナマ市のある場所に到達したのは一五一三年。気候も植生も違うが、距離と地形だけで言えば、ちょうど札幌から苫小牧に横断したというイメージだ。

その後バルボアは一旦スペインに戻って王の許可と資金と参加者を得、地峡部分に道を付け、太平洋側にパナマ港を建設する。そこで新たに船を建造し、南米大陸のアンデス地方の侵略に乗り出した。バルボアの最初の横断にも同行していたスペイン人ピサロが、欧州産の馬という新大陸住民の知らない新兵器を連れて、パナマから船出しインカ帝国を滅ぼすのは、太平洋到達のわずか二十年後の一五三三年である。

当時のスペイン人の開拓精神というか覇気というか、命を顧みずに突出して行った歴史には、彼らが中南米の先住民の生命を奪い文化を破壊し尽くしたという非道とは別に、感嘆するしかない。レコンキスタ(ムスリムの王朝の打倒)完了でイベリア半島で領地や富を得る手段がなくなり、「それでは」と小さな木造船で大西洋を横断することも辞さなかった無頼の徒が、それだけたくさんいたということでもある。ちょうどその百年後、秀吉の天下統一でこれ以上の領地拡大の道を断たれた武将たちが、明朝の征服を夢見て朝鮮半島に打って出たのと同様の現象だが、中国の横で多年独立を保って来た朝鮮人には筋金入りの根性と亀甲船《きっこうせん》などに代表される軍事力があり、日本人は結局、ことごとく国内の領地に撤収を余儀なくされた。しかし米州に渡ったスペイン人は、どのみち帰る場所のない連中であるがゆえに捨て身の攻撃を続け、在地権力をことごとく打ち破って黄金を収奪したのである。

とはいえこのパナマの地に、歩いて渡れる幅の地峡がなければ、スペイン人は当面の間太平洋には出られなかっただろう。そうなると、アマゾンの密林とアンデスの高峰に東側を守られたインカ帝国に辿り着くことは当面不可能だったはずだ。侵略に時間がかかればかかるほど、インカ側にもスペイン人に対する知識が増え、自分たちも馬を飼うなど、対抗する備えが可能になったかもしれない。何しろインカ帝国は、数万人もの軍隊を擁していたのだから。実に古代ギリシャの歴史家ヘロドトスの言った通り、地理と歴史は表裏一体なのだ。

バルボア自身は、粗暴な性格がたたって最後は処刑される運命をたどり、ピサロも部下に殺されたのだが、彼らの死後も、

奇麗にライトアップされたパナマ旧市街の建物

アンデス各地で収奪された金銀はすべて、パナマで一度陸揚げされ地峡を横断してから、欧州に運ばれた。南米大陸南端のマゼラン海峡発見はそれに先立つ一五二〇年だが、暴風の危険のないパナマ経由の方がはるかに合理的だったのだ。

彼らが築いた最初のパナマ市街は、一六七一年にイギリス人海賊ヘンリー・モーガンの襲撃を受けて廃虚になってしまったが、その後に建設された新たな根拠地は、現在もパナマ旧市街として残っている。地下鉄の五月五日駅から、屋台の並ぶ商店街を抜けて徒歩十五分程度。美しくライトアップされたスペイン風の街並みを歩き、湾の北側に見える新市街の夜景を堪能し、名店で郷土料理をいただいた。

帰路、行きにたどった商店街を外れ、パナマ市街で唯一治安が良くない場所とガイドブックに書かれていた裏路地にうっかり足を踏み入れてしまった。街路が急に暗くなり、怪しげな酒場などが並んでいたが、そこにも床屋に集って談笑する庶民の暮らしがあった。貧富の差はあるのだろうが、他の中米諸国ほどひどくはなさそうだ。

地ビールと、郷土料理の「サンコーチョ」(鶏とジャガイモなどの煮込み)

このような発展の基盤にあるのは、やはりパナマ運河なのだろう。明日は地峡を横断してみることする。

ACT4．パナマ運河　富を生み出すこの要衝を守る軍隊はない

二〇一七年八月に一泊二日で訪れてみたパナマは、一人当たりGDP（国内総生産）が一万四〇〇〇ドル台（メキシコやブラジルの一・五倍）にまで発展し、首都の都心部には摩天楼がそびえる国だった。日本がバブルだった二十年以上前に「治安の悪さは世界有数」と言われていたのがうそのようだ。その発展の原動力だと思われる、パナマ運河の現状を見に行く。

パナマ運河沿いに列車で地峡を横断する

太平洋岸のパナマ市と大西洋岸のコロン市を結ぶパナマ運河は、第一次世界大戦開戦の一九一四年に完工した。建設に参加した唯一の日本人・青山士《あきら》は、ガトゥン工区の副技師長をつとめた後に帰国、荒川放水路などを完成させている。百年を経過した今、米国東部と東アジアを最短で結ぶ運河の重

大きな河のようにも見えるパナマ運河。最近拡幅が完成した

要性は、中国などの発展で増している。それだけでなく、米国西海岸から欧州への貨物流動、チリやペルーから米国東部・欧州への貨物流動も多い。通行料はパナマ政府に入る仕組みで、これが同国の発展の原動力となっている。

ただしパナマ運河にも競争相手はある。米国に四本、カナダに一本ある大陸横断鉄道だ。これら鉄道には、船舶積載用の大型コンテナをコンテナ船からそのまま積み替えて輸送する能力があり、東アジアから米国の中西部や東海岸に荷物を運ぶ場合には、パナマ運河経由よりも所要時間が短い。需要が大きいため、延長が一キロメートルを超える長大貨物列車が数十分おきに走っている線もある。どちらを利用するかは、運賃と時間の兼ね合い次第だ。

そこで二〇一六年にパナマ政府は、ボトルネックだった閘門《こうもん》部分に、従来の上下レーンとは別に新しく幅を拡張した三レーン目を新設した。運河を通れる船舶の幅は三十二メートルから四十九メートルに広がり、より大型の船が通れるようになって輸送力が格段に向上した。これが功を奏して需要は増加、それを受けて利用料の値上げも可能になったという。

水位を変える通過中のコンテナ船。陸地のど真ん中に巨大な船が現れる

運河を行くクルーズ船に乗れば、標高二十六メートルと最高所である人造湖のガトゥン湖まで、閘門を通って上下する経験ができるが、一日がかりになる。だが、運河に沿って鉄道も走っている。帰りをバスにすれば、午前中だけで往復可能だ。車中からも二カ所、閘門の中の大型船が見える場所がある。なお、バスの通る高速道路は、運河に並行する区間がまったくない。

鉄道好きや歴史好きなら乗らない手はないのが、その「パナマ地峡鉄道」だ。パナマ市－コロン市間は七十七キロ、「世界最短の大陸横断鉄道」と言われる。

パナマ運河の開通に半世紀以上先立つ一八五五年、米国の最初の大陸横断鉄道全通にも十四年先立って完成した。一八六〇年には幕臣の俊英・小栗上野介も加わった万延元年遣米使節団が、サンフランシスコからワシントンに向かう途中に乗っている。そのわずか十二年後の一八七二年に新橋－横浜間に鉄道を開業させた原動力は、その中の誰かの、この時の原体験にあったかもしれない。

しかし、その後の米国大陸横断鉄道の発達と一九一四年のパナマ運河開通で、この鉄道の必要性は大きく減じる。休線

がらんとした「パナマ地峡鉄道」乗り場のコロサル駅。パナマ市発は午前七時十五分のみ

を経た二〇〇一年、コロン市のフリートレードゾーン（免税問屋街）にパナマ市から通勤するビジネスマンを主要顧客に、平日のみ一日一往復の旅客列車が再開した。通勤用ということで、朝にパナマ市を出て夕方にコロン市から戻るというダイヤなのだが、観光客用の展望車と展望トロッコ車も、片道三十ドル（パナマは通貨に米ドルを採用）と高いものの、一両連結されている。

パナマ市の西南の外れにあるコロサル旅客駅からの発車は朝の七時十五分。その存在は地元でもあまり知られていないようで、ホテルに呼んだタクシーの運転手は駅の場所を間違えてしまい、危うく乗り遅れるところだった。

観光客用の展望車に乗っていたのは二十人程度で、主目的であるはずの通勤車両には十人弱しかいなかったが、乗り心地はよく、車窓左手に続くパナマ運河やガトゥン湖の展望は素晴らしかった。所要一時間程度のところ、少々遅れて八時三十五分に、大西洋に面したコロン市の外れの駅に着いた。

コロンで考えた麻薬と米国とパナマ

コロンとはコロンブスのことで、コロンビア、コロンバスなど世界中に同系の地名は多いが、この市はとにかく治安の悪さで有名だ。十七時十五分発の帰りの列車は待たずにバスでパナマに戻るべく、バスターミナルはこっちだろうと、見当をつけて歩いて行く。

街路の雰囲気は、最初はそんなに悪くなかったのだが、追い抜いていくバスを追ってメインストリートから左に折れると、両側の建物や路地の荒廃が目立ち始めた。何というか、中からゾンビが出てきてもおかしくないような荒れ方だ。舗装のはがれた街路にたまっている水は、下水が混ざっているのか、色は透明なのに悪臭がする。栓か何かを修理中なのか、そこに首までつかって作業している男たちもいた。

ようやくバスターミナルに着いたが、照明は暗く、トイレも汚い。売店などもあるのだが、やたらと油ぎった揚げ物ばかり売っている。しかしパナマ市行きのバスは清潔かつ近代的で、ごく普通の人たちが乗っていた。最後は渋滞したが、二時間を七〇〇円ほどで、問題なくパナマ市に着く。

夕方に空港まで乗ったタクシーの運転手には、たまたま英語が通じた。「あんた、コロンに行ったのか？　よく生きて帰って来られたな」と驚かれる。「いいか、パナマには都会も田舎もあるが、どこだって全然治安に問題はない。だけどコロンだけはだめだ。ありゃあハイチ

パナマ地峡鉄道の車内販売員兼車掌の女性。ほとんど乗客がなく手持ち無沙汰だったが、やはり陽気なラテン系、降りるときには笑って振り向いてくれた

だ。パナマじゃないぜ」。しかしその彼も、トランプ大統領がハイチなどを指して使ったと報道される「便所の穴」という表現までは口にしなかった。

しかしそれにしても、同じ狭い国の中でなぜ、コロン市だけが荒廃を極めているのだろう。南米と欧米をつなぐ麻薬密輸の拠点ともうわさされるだけに、市政の裏にマフィア支配が残り、行政が正常に機能していないのかもしれない。

麻薬はかつてこの国全体の問題だった。米国への麻薬密輸で蓄財するノリエガ将軍（パナマの独裁者）に手を焼いたブッシュ（父）政権は、一九八九年一二月、六万人近くの米軍を侵攻させ将軍を逮捕する。「自衛権」をタテに他国に侵攻するというのだから横暴であり、その後アフガンやイラクでも繰り返された同様の挙は、いずれも泥沼化を招いた。だがこのパナマ侵攻は、珍しく後腐れのない結果に終わっている。

というのも、その後米国は、カーター政権当時の約束通り一九九九年末をもってパナマ運河をパナマ政府に返還、米軍もこの国から完全に撤退した。その後は選挙に基づく政権交代も定着してい

コロンの裏通りには老朽化した建物が並び、昼間でも物騒な感じ

る。ちなみにパナマの公用語はスペイン語であり、米国の影響力がたいへん強いからと言って、英語が広汎に通じるということはない。

米国としては、民主的に選ばれた政権の下で、運河の自由通行権が確保できている今の状態が望ましいのであり、運河の収入（パナマにとっては重要でも、米国にしてみれば雀《すずめ》の涙）や、国土・国民の支配などに関心はないのだ。ただし誰かが運河の通航を邪魔するような事態が生じれば、黙ってはいないだろう。

つまりこれは、第二次大戦後の日本占領と並ぶ、米国の他国占領の数少ない成功例ということになる。もちろん、原爆や空襲による日本の一般市民の虐殺も、侵攻による一般市民含む数百～数千人のパナマ人の犠牲者も、それで正当化できるものではないのだが。

ともあれ、現在のパナマに軍隊はない。東隣のコロンビアとの関係は今は良好だし、西隣のコスタリカは同じく軍隊を廃止した国だ。「パナマ運河の権益」なるものを狙うどこかの国が侵攻してきたとしても、他の運河利用国のボイコットと経済制裁を受け、競争相手の米加の大陸横断鉄道がもうかるだけだ。軍隊がなくても、経済的な利害関係が国を守ってくれている。

「それはつまり、米国の裏からの支配に屈しているだけのことだ」と考える人もいるかもしれないが、実際のところ米国は、パナマの選挙に介入はしないし、経済的に何かを収奪しているわけでもない。それどころかもし、何かの勢力が出て来て運河の通航を脅かすようになれば、運河で食べているパナマ人自身が、もちろん日本や中国といった運河を利用する各国も、米国（あるいは多国籍軍）による排除を求めるだろう。パナマ人にとってもその方が、自前で軍隊を持つよりよほど強力だし、日常の維持経費もかからない。米国ほかの世界各国に、運河の通航の自由を守りたい利害がある以上、それをフリーライドと批判されることもない。そもそもノリエガ時代のように自国の軍隊がマフィアと結託して政権を握り、人権弾圧を始める方が、よほど現実的に危険ではないか。

これが二十一世紀の、発達を極めた国際経済社会の、現場での現実である。「軍隊がない国は侵略されるのが当たり前だ」と、十九世紀の帝国主義時代のような妄想に未だに浸っている一部の日本人は、このことを理解できるだろうか。ため息をつきつつ、コロンビアへの帰途に就いたのである。

コロンで壊れた水道か何かを首まで浸かって修理する人たち。インフラのメンテナンスノレベルはパナマ市より格段に低い

ACT5. ひょんなことから訪れた天空都市 ボリヴィアの首都ラパス

富士山頂よりも標高の高い、世界最高所の首都、ボリヴィアのラパス（憲法上の首都はスクレ）。普通なら市街地にはなりえない急斜面に、〝毎日が登山〟とでもいうべき暮らしが息づく。小走りするのも不可能なほど空気の薄い町で、一日歩き回って実感した「世界一難儀な地形に広がる大都市」の今とは。

そして、このような奇跡のような地形の首都のこれからを左右する、〝二十一世紀の戦略的地下資源〟の今後は？

「あなたの予約は見当たりません」

坂の多い町は景色がきれいだ。国内でいえば函館に神戸に長崎、海外では香港にサンフランシスコにリオデジャネイロと、有名観光地が思い浮かぶ。いずれも港町で、住宅地が丘の上に伸びて行ったものだ。

だが広い世の中には逆もある。山上に築かれた町が、次第にその横に口をあけた谷底へと下りて行ったという、普通ではないケースが。そんな町に、ひょんなことから足を運んだ。

二〇一七年三月。二十七年ぶり二度目の南米旅行で、パタゴニアの最南端・フエゴ島を訪れようとしていた筆者。チリのサンティアゴ空港で、ブエノスアイレス行きのアルゼンチン航空便に乗ろうとしたところ、「あなたの予約は見当たりません」と、搭乗拒否されてしまった。私のパソコンにはEチケットも送られてきているのだが。

カウンターでごねていたところ、別室に招き入れられ、パソコン画面を見せながら理由を説明された。クレジットカードからの代金引き落としが何らかの理由で不成立になったので、チケットも無効になっているのだという。アルゼンチンという、いろいろ機能不全な国の航空会社のチケットだけに、最後まで確認しなかった当方が迂闊《うかつ》だったか。

お相手の管理職らしき人物がまた、名探偵ポワロのようなルックスのおやじで、ちょっとタンゴでも踊って来た後のような哀愁に満ちた表情で、しみじみと語るものだから、腹も立たない。

困ったことに、「空席のある便は五日後」だそうで、競合他社の「LATAM航空（チリのLAN航空とブラジルのTAM航空が合同した南米最大の航空会社）のブエノスアイレス行きも今日と

ラパスのエルアルト国際空港から、市中心部に向かうミニバス。南半球は夏だったが、高地なので気温は低い

明日は満席だ」という。

　サンティアゴからブエノスアイレスまでは空路なら二時間だが、陸路だと六〇〇〇メートル級の峰の連なるアンデス山脈を越えねばならず、一日では済まない。ブエノスアイレスで明日朝に乗り継ごうとしていたフエゴ島行きの便にはどのみち間に合わない。

　もう夕方なので、今日はサンティアゴに滞留するしかない。空港の公衆Ｗｉ－Ｆｉが容量不足で機能しないことの多い南米だが、アルゼンチン航空のオフィス専用の回線に接続させてもらい、急きょ今晩のホテルを確保し、ブエノスアイレスとフエゴ島の宿をキャンセルする。キャンセル料をカッチリ取られた上に、日程に二日半の穴ができたが、さてどうするか？

　モアイ像で有名なイースター島（チリ領）に行こうかと思ったが、行きの席はあったものの、空席のある帰りの便がなんと一カ月後だった。いろいろ調べたら、ボリヴィアの首都ラパス行きの便に、翌々日早朝発、そのまた翌日の昼に戻りで、片道三時間・往復七万円の席が残っている。戻った翌日

空港からのミニバスを降りた、ラパス中心部のマヨール広場

に、予約済の帰国の便に乗り継げる。

高いが、ここは払っておくところだろう。ブラジル以外の南米各国に行くのにはビザも不要だし、何の予感があったのか間違えて、使う予定のなかったボリヴィアのガイドブックも持参している。

スキー場の上級者向け斜面が家で埋め尽くされたようなラパス市街

ということで翌々日の朝、筆者はラパス郊外のエルアルト国際空港に降り立った。その間の一日は、太平洋岸のリゾート都市・バルパライソに日帰りしたのだが、この忘れがたく美しい坂の町での経験は、追々書くこともあるだろう。エルアルトを訳せば「高地空港」。その名の通り、富士山頂よりさらに高い、標高四一〇〇メートル弱の真っ平な乾燥地にある。

ロープウェイの中で会った、民族衣装をまとったチョリータ（先住民の血をひく女性）

二錠だけ持ち合わせていたバファリンを飲んで来たため、幸い頭痛は感じなかったが、歩いてみると実に体が重い。そして肌寒い。平地なら熱帯に当たる緯度で四季はないが、あまりに標高が高いので、気温は上がっても十数度。多くの地元民はダウンのようなものを着ている。

スペイン人が最初に町を築いたのは、インカ帝国の旧都クスコから南東に延びる平坦な地溝帯上の、この空港周辺だったらしい。北に行けば、南米最大の湖のチチカカ湖がある。だが今の市の中心部は、ここから標高差にして四〇〇メートルほど下がった谷底にあるという。中心部の中でも特におしゃれな新興地区は、そこからさらに四〇〇メートルほど下がった先らしい（それでもまだ標高三三〇〇メートルもあるのだが）。一番の高地にできた町が、時代とともに谷を下って発展していったのだ。

「金持ちは眺めの良い丘の上に、庶民は低地に住む」というのが、世界の大都市に共通の構造なのだが、ラパスは逆だ。上に行くほど空気が薄くて息苦しさが増すので、金持ちほどすり鉢状の谷の下の方に、貧乏人ほど上の方に住んでいるという。空気を金で買わねばならないとは、ＳＦにも出て来ないような、何とも酷な社会構造である。それにしても上から下まで標高差八〇〇メートルと言えば、ちょうど日本国内最大級のスキー場と同じだ。そんな急斜面に、本当に大都市を

町からは標高六〇〇〇メートル級のアンデスの山々が見える

造れるのだろうか。

かなりくたびれた感じの空港ミニバスに乗り、「(今晩の宿に近い) マヨール広場まで行ったら教えてくれ」と運転手に頼む。

満員になったバスは、谷底をぐるりと囲む壮大な絶壁に刻まれた、高速道路を下り始める。いや絶壁と思ったものが、実は既に街だった。急斜面をびっしりと、茶色い日干しレンガ造りの家が埋めている。まさにスキー場の上級者コースのような急斜面が、そのまま都市と化しているのだ。想像を超えたスケールに息をのむこと数十分、バスは激しく渋滞する中心部まで下りて来た。

まだ視界には入らないのだが、この町で一番便利な公共交通機関はロープウェイのネットワークだという。どんなシステムになっているのか。乗り物好きとして、心がはやる。

ACT6. 毎日が高地トレーニング〝登山首都〟ラパスに出来たロープウェイからの絶景

都心に入って空港バスを降り、まずは急遽ネット予約した宿に荷物を置こうと歩き始めたが、平地とはどうにも勝手が違って足がはかどらない。ただでさえ傾斜がきついのに、空気が薄くて酸素が足に行き渡らないものだから、一歩一歩ふらつきながら踏みしめるしかない。せいぜい五〇〇メートル程度の移動距離を、二十分以上かけてようやくたどり着く。

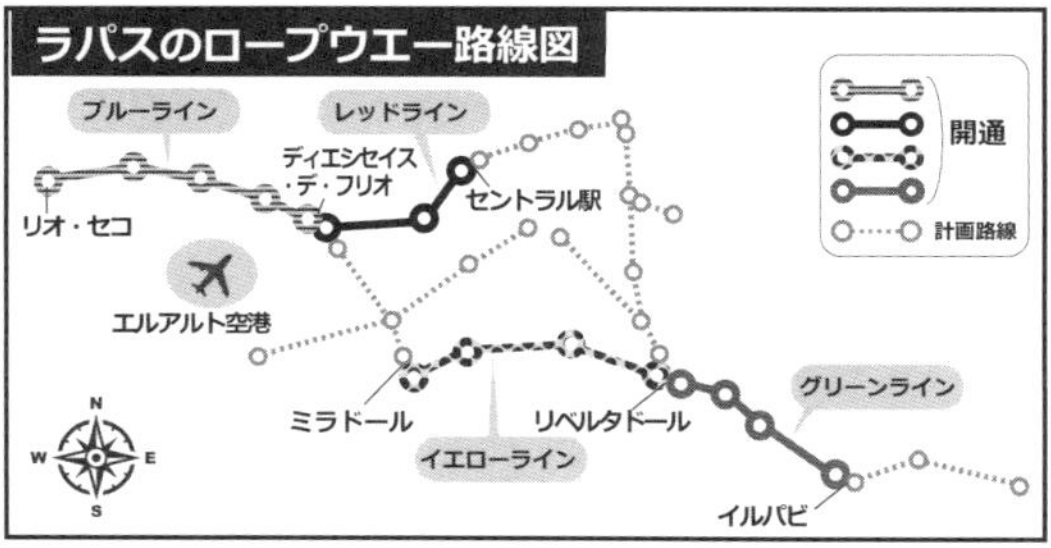

やれやれ、ここに住めば毎日が高地トレーニングの登山のようなものだ。逆に地元民が下界に下りるとどんな体調になるのだろうか。次第に襲ってくる頭痛と闘いながら、最高所から最低所まで、町を上下する。

〝市街地散歩 イコール 登山〟の町

宿で少し休んでから、市街地探検に出発する。まずは八〇〇メートルほど北にあるロープウェイ・レッドラインのセントラル駅に行って、空港のあるエルアルトの町まで再度上ってみよう。空気の一番薄い場所に戻るのはちょっと残念だが、好奇心には勝てない。

ラパスの街路はほぼ上りか下りで、かつ左右に屈曲している。南北米州の都市の共通点は、英国人もスペイン人も好んだ碁盤の目状の都市計画なのだが、ここは例外中の例外だ。サンフランシスコの丘の上にすら縦横に街路を通した彼らでも、この地形の前にはあきらめざるを得なかったようである。

普通なら時速五キロで歩く筆者だが、駅まで三十分以上かかった。途中、広場にあった屋台でサルテーニャ（ジャガイモなどを詰めた揚げパン）とコロッケをほおばる。地元民をまねて、唐辛子味のサルサソースとみじん切りタマネギをたっぷりかけた。一個二十円弱で、たいへんおいしい。

食あたりも辞さなかった若い頃と違って、屋台物には手を出さないようにしている筆者だが、これは揚げたてだし、ラパスは食中毒がはやるような気候でもない。その先では小さな店の軒先で揚

ラパスは街路も広場も坂ばかり。民族衣装で荷物を運ぶ女性（チョリータ）も多い

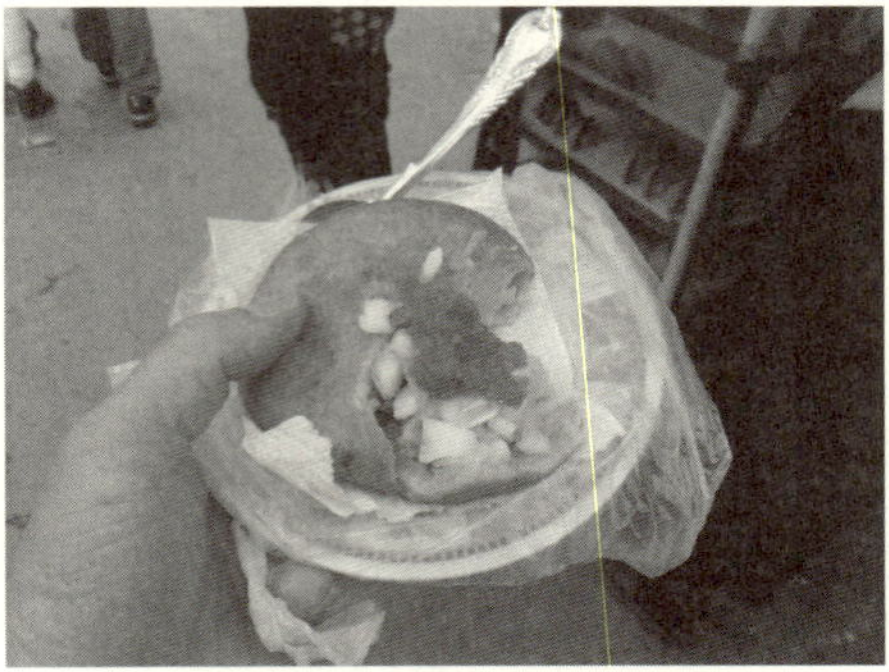

屋台で売っていたサルテーニャ。刻みタマネギのせ放題、サルサソースつけ放題で、味もおいしい

げバナナを売っていたので、これまた買い求める。三十円少々で十本以上ももらえた。加熱すると甘みと酸味が増す種類で、もちもち感あふれる最高のスナックだ。

ラパス自体は畑一枚ない不毛の峡谷と高原に広がる町なので、こうした農産物は、アマゾン川流域へと下る途中の農業地帯から運ばれて来ているのだろう。東京や大阪のど真ん中でもアスファルトさえはがせば、沃土《よくど》の出てくる日本と、この乾燥を極めたアンデス山中では、あまりに自然の恩恵が違うということに、改めて思い至る。

さて乗り場まで登り着いてみると（ここまで来るのにこそ、ロープウェイが必要な感じだ）、廃止されてしまったラパス・セントラル駅の駅舎が保存されている横だった。市街地の只中とはいえ地形上は崖の途中のようなこの場所まで、どこからどうやって線路を敷いていたのか。スイッチバックを重ねに重ねていたのに違いない。所要時間が徒《いたずら》にかかったことだろうから、車の普及とともに実用性なしと判断されたのだろうが、何とか昔のまま残しておけば、今の時代にはむしろ観光名所になっただろう。

斜面の途中に残る旧ラパス駅。ここまで線路を敷くには、さぞやスイッチバックを重ねていたのだろう

二〇一四年に開通したばかりのロープウェイは、オーストリア製のスキー場ゴンドラリフト（詰めれば十人乗りの超大型）だ。車だと三十分以上かかるエルアルト市街まで、わずか十分少々。料金も片道五十円程度だが、当地の庶民にはやや高めなのだろうし、ラッシュ時でもないので、一つのゴンドラに〇～四人が乗る程度のすき具合である。だが、物好きな観光客にとっては、最高にエキサイティングな乗り物だった。

ロープウェイの車窓に展開する一大スペクタクル

ゴンドラは、密集市街地の上空二十メートルほどを、ぐんぐん上る（口絵）。上に行くほど斜面は急になるが、玄関先で転んだら転落死しそうな構造の民家が、びっしりと埋めている。ところどころにつづら折りの車道もついているが、最後は階段を登らねば着けない家の方がはるかに多そうだ。垂直に近い斜面で、さすがに家を建てられずに絶壁のままになっているところもあるが、極乾燥地だからこれで済んでいるのであって、日本であれば大雨のたびに崩れて死者が出る地形である。

振り返ると、すり鉢状の谷のはるか下方に都心のビル街が見え、そこからほぼ全方位に斜面をよじ登る住宅街が見え、実に一大スペクタクルだ。だがここに住めば、何か一つ買うにしても、通勤通学するにしても、さぞ上下移動がたいへんだろう。ロープウェイには途中駅が一つしかないので、ほとんどの斜面住民には使いようがない。毎日急な階段を昇り降りして、バスの通る道路まで出るという暮らしだ。上に行くほど家の造りは貧しく、水道も整備されていそうにないが、崖の各所から少量の伏流水がにじみ出すのを使っているのだろうか。木一本生えていないのだから薪もないが、燃料はどうしているのだろう。

　このときは不審だったが、この半年後に再訪して、斜面を歩いて下りながら探訪してみると、都市ガスの引かれていることを示すサインを掲げた家が多数みられた。ということは上水道もあるのだろう。しかし下水道まではなく、汚水は溝に流しているようだった。町の下の方に来ると、その汚水が川に集まって流れ下り始める。地図で確認してみると、その後は市の南東部から流れ出し、延々と無人の峡谷を下って行った末に、アマゾン川に流れ込むことがわかった。アマゾン川の源流の一つが、ラパスの絶壁にひしめく家々の下水だったとは、さすがに想像していなかった。

　崖を上りきったところでレッドラインは終わった。ガイドブックにはまだ書かれていなかったが、ここから出来たてのブルーラインが接続していたので、さらに往復四十分ほどの空中散歩を楽しむ。一転してまっ平らなエルアルトの街路の

まるで市電のように、エルアルトの街路上を行くブルーライン

上を、途中二駅を経由して進んでいくもので、一番空気の薄い場所にある庶民の町の実態が、上空から手に取るようにわかる。ただし、南に見える空港ターミナルにこの線が接続しているわけでもなく、趣味人以外にはお勧めしない。

気になったのは、沿線の多くの家が、建設途上のまま放置されているようにも見えることだった。すでに一〇〇万人程度はいると見られるこの市の人口の、さらなる成長を見込んでの先行投資か？それとも何かのバブルの崩壊か？

最高所は標高四一五〇メートルもあるエルアルトで、結局小一時間。ロープウェイに乗っているだけなのに何だか呼吸困難になってきた。金持ち地区まで下れば本当に空気が濃くなるのか？　市街地の南側にある別系統のロープウェイへ向かってみよう。再びレッドラインの車窓の絶景を楽しみながら都心に下る。

ACT7．ボリヴィアの擁する〝二十一世紀の戦略的地下資源〟は、恵みか災いか？

ロープウェイのレッドラインとブルーラインで絶景を楽しんだのち、再び市街地の北部にあるセントラル駅（旧ラパス駅跡）まで降りて来た。別系統のイエローライン・グリーンラインにも、ぜひ乗らねばなるまい。

グリーンラインの一番下の、最も富裕な地区まで下がってみてから、ふとこの国の未来へのかすかな危惧が、心に兆す。

平板な富裕層地区、閑散とする高級モール

普通の観光客であれば駅までタクシーに、地元庶民であればミニバスに乗るところ、筆者はとにかく歩くのが身上なので、相変わらずの空気の薄さにあえぎながら、のたのたと一時間半近くも都心を縦断する。この国は貧乏だが、治安は南米屈指に良好ということで、安全に楽しくイエローラインの途中にあるソプカチ駅にたどり着いた。

「バカは高所が好き」ということで、懲りもせずにイエローラインの頂上（やはりエルアルトの崖際にある）まで二駅上って、再度市街地の絶景を楽しむ。その後はソプカチ駅を通過し三駅下ってグリーンラインに乗り換え、さらにまた三駅下る。標高が下がり空気が濃くなっていくに連れ、眼下の家々が立派になってきた。聞く通り、下の方には富裕層が住んでいるということなのだろう。

その終点になる三駅目（一番上から数えれば六駅目）の少

イエローラインの途中駅だが、都心に一番近いソプカチ。タクシー乗り場もある

し手前、小さめの尾根を一つ越えるあたり、多数の豪邸の真上を超えていく。だがロープウェイから敷地内が見下ろせるものは軒並み空き家になっていた。確かに庶民や観光客といった下々の者に、家の中をじろじろのぞき込まれてはかなわない。だが、これってきちんと補償されているのだろうか？

イエローラインの山頂から四十分、ようやくカラコト地区にある終点に着く。エルアルト側と違って、駅前の広場に客待ちタクシーは一台もいなかった。空気の濃い当地区に居住する上流層は、自家用車を持っていてロープウェイなど使わないということかもしれない。

金持ちの町ということで、何か面白いものでもあるかと思ったが、周辺の街路は碁盤の目状で、迷路のような都心に比べるとまったく面白くない。レストランもおしゃれな店もなく、拍子抜けするほど普通の田舎町という感じだ。車社会の町というのは世界共通で、のっぺり平板に、にぎわいのない雰囲気になるものかもしれない。都心に比べ空気が濃いと聞いていたが、歩くと苦しいのも、上の方とたいして変わらない感じだ。バファリンの効力が切れて来たのか、だんだん頭痛が酷くなってくる。

一番標高の低いカラコト地区に向かうグリーンラインの車窓には、空き家となった豪邸が点々

ちなみに富士山に四回登ったことのある筆者の経験では、おおむね標高二八〇〇メートルを過ぎると、空気の薄さで頭痛が始まる。カラコトはその五〇〇メートルも上方だ。南米の他都市では、クスコが三四〇〇メートルで、そこから列車とバスで向かう先のマチュピチュ遺跡は二四〇〇メートルだ。「クスコで頭が痛くなったが。マチュピチュで楽になった」というのはよく聞く話である。

後日談になるが、半年後にラパスを再訪した時は、一回目の経験を踏まえ、まず標高二六〇〇メートルと限界線よりぎりぎり下のボゴタに一泊。次いでクスコに連泊してマチュピチュに日帰りし、それから満を持してラパスに飛んだ。この〝階段状攻略法〟により、今度はバファリンにも頼らずに頭痛を免れることができた。

それはともかく、緩い坂をゆっくり上って、ボリヴィア最大のSC（ショッピングセンター）であるという「メガセンター」まで行ってみる。食品スーパーには先進国のような輸入食品のラインアップがあり、外国人の奥様なども目立ったが、そこを除けば閑散として、空き床も目立った。箱は造ったが、まだまだ貧しい地元民の購買力がついてこないという

グリーンラインの一番下の終点・カラコト地区。車を持つ富裕層が多いせいか、客待ちタクシーがいない

ことだろう。多年南米最貧国にとどまってきた当地の経済発展は、今なお困難に直面しているようだ。

これまた後日談になるが、ボリヴィアと並ぶ南米最貧国と言われ、貧富の差はさらに激しいもののあるパラグアイの首都アスンシオンでは、都心は廃墟のようなのに、郊外には米国に勝るとも劣らないファッショナブルな巨大モールが三軒も開業していた。パラグアイは格差をぐんぐん拡大させながら〝経済成長〟路線を突き進み、ボリヴィアはそうした路線にやや背を向けているのかもしれない。

公正を目指す庶民大統領にとって、リチウムの埋蔵は吉と出るか凶と出るか？

富裕層には不評かもしれないロープウェイ・プロジェクトを強力に推し進めるのが、二〇〇六年に就任したモラレス大統領である。先住民のアイマラ族出身で、中学を卒業後に農園でコカ（葉にカフェインを多く含む、地元民の嗜好品。精製すれば麻薬になるが、当地では生のままお茶のように使ったり噛《か》んだりする）を栽培していた彼は、就任後はベネズエラやエクアドルと同様に米国と

カラコト地区にあるボリヴィア最大のショッピングモール「メガセンター」は閑散としていた

距離を置き、化石燃料資源の国有化や農地改革など、社会主義的な政策を断行してきた。鉱山主を中心とする富裕層が多年牛耳り、常習的にクーデターのあったこの国で、上下院を与党の安定多数で押さえるその健在ぶりは驚嘆に値する。

ロープウェイのゴンドラすべてに彼の肖像のエンブレムがついているなど、ポピュリズムを存分に利用しているのは明らかだ。沿線の豪邸に住めなくなった富裕層の心中は穏やかではあるまい。しかし、十九世紀の戦争で太平洋沿いの領土を奪われて以来正式な国交のなかった隣国チリと修好を図り、「平和憲法を持ちたい」と語るなど、他国のポピュリスト政治家とは違って、周辺国との対外緊張をあおってはいない。

チトーやカストロやホー・チ・ミンが、大量の死者を出すことを何とも思わないスターリンや毛沢東やポル・ポトとは毛色が違ったように、あっちに目配りしこっちを立て、危ういバランスで改革を進めているのかもしれない。

だが恵まれすぎた生まれが不幸のもと、ということもある。スペイン時代の銀、独立後のスズと、地下資源で食べてきたこ

すべてのゴンドラの内部に掲げられた大統領の肖像

の国は、今世紀になって、バッテリーに不可欠なリチウムの産地として注目を集めつつある。

雨季に無限の鏡のように天空を映すので世界的に有名な観光地・ウユニ塩湖の周辺が、実は世界最大のリチウム埋蔵地でもあるのだ。すべての先進工業国が注目するこの希少資源、二十一世紀を代表する国際的戦略物資を、社会主義的な反米政策を取る現大統領は、国民全体の財産として守れるのだろうか。守れたとして、彼の政権自身が、この巨大鉱山利権を前に腐敗に向かわないのだろうか。いやもしかして、すでに向かっていたりするのだろうか。

十四年から整備の始まったロープウェイは、現在の四路線を十一路線まで増やし、網状につながる計画だという。だが部品も一〇〇％輸入に頼るであろうこのシステムを、自力でメンテナンスして維持していけるのか。もしかして、いずれ故障して廃虚を空中にさらすことにならないか。このあたりも正直、予断を許さないと思われる。

帰り着いたホテルで当地特産のリャマ肉の煮込みに舌鼓を打ち（口絵）、酒も飲まずに早寝したが、翌朝はサンライィアゴに降りてくるまで二日酔いのような頭痛が続いた。

日本から最低でも乗り換え二回、非常に行きにくいこの国だが、可能であれば繰り返し定点観測に訪れて、嫌な予感が外れてくれるかどうかを、見守っていきたいものだ。

自著解説：二十一世紀の「ソフトパワーの地政学」とは

世界の構造を把握する

地政学というのは、覇権主義を正当化し、戦争の危機を煽るようなものとして喧伝されがちです。「世界はランドパワーとシーパワーの衝突で動いている」とか、「地政学的に言えば、中国の海洋進出を阻む位置にある日本は、その進出圧力を受けることになる」とか、さももっともらしい話が、「地政学」という名前でまかり通っています。

ですが、どうもこういう類の話は、誰かの思い付いたフレーズが、排外主義的な時代の気分に乗っかって流行ったというだけで、学問的な検証に耐えるものではないように思えます。たとえばランドパワーとシーパワーの話についていえば、歴史上の大国はほとんどが両方の性格を持っていた（あるいは、いる）のではないでしょうか。どの国も陸続きのところに関してはランドパワーを発揮しようとするし、逆に海を越えた先へのシーパワーの行使は、相手が相当に弱体な時に限ってしか成功しないので、普通は行いません。行う場合には、日本国内に基地を残しつつ占領を解除したサンフランシスコ講和時の米軍が典型ですが、面的支配はせず軍事拠点の構築に絞るのが通常です。そして軍事侵攻よりも、インド洋に乗り出したアラブ商人や、明の鄭和の大航海のように、領土ではなく利潤を求めて平和裏に海上交易を行うことの方がよほど普通に行われてきたことでした。

その明の鄭和は、当時の世界では空前絶後の大艦隊を従え、東南アジアや南アジアに何度も遠征したのですが、真横の日本や琉球には寄ることもありませんでした。「鄭和は遠くマダガスカルにまで到達した」とテキスト情報を覚えるのがお受験勉強で、「マダガスカルにまで行った鄭和なのに、なぜ日本には来なかったのか」と問うのが、自分で考えるということです。答えは、日本や琉球が「中国の海洋進出を阻む位置」にはなかったからでしょう。いま中国は「一帯一路」と称し、鄭和が向かったのと同じ方面に経済進出を図っていますが、これも日本に阻まれてそっちに向かっているのではなく、そもそも地政学的にそっちの方向に大きな経済的な利害があるわけです。

「地政学的に」と申しましたが、ここで私のいう地政学とは何でしょうか。明代と二十一世紀で中国の行動に共通点があるように、歴史に照らし、「ある地理的条件の場所ではどういう人間活動のパターンが繰り返される傾向にあるのか」を発見する学問です。〝アナロジー（類推）〟を用いて、表層的な事象に縦横に串を刺し、背後にある〝構造〟を把握するのです。「歴史は繰り返す」というのは、まったく同じことが繰り返されるということではなく、同じ構造が繰り返し再現されるということです。過去の出来事から類推し、地政学的な構造を理解することで、今起きていることがより本質的に理解できますし、未来の出来事も予測できます。

それを怠って、たとえば「シーパワー」というような名称をテキスト情報として暗記し、構造もわきまえずに振り回すだけでは、物事の本質から離れていくだけです。「歴史認識と二十一世紀の現場で起きていることの観察を両方踏まえた現代の地政学を論じたい」という思いから、敢えてこの本の書名に「地政学」を入れました。

筆のついでに日本の地政学的位置に言及しますと、良くも悪くも（多くの場合には圧倒的に良い意味で）「他の世界から放置されやすい場所」です。戦略的要衝性のない世界の東の果ての島嶼群で、天然資源にも乏しい。そのくせ地形と気候の妙から農業生産力が高く、歴史を通じてむやみに人口が多かったために、ますます誰も侵略に来ない。元寇は、鎌倉幕府本体が出て行くまでもなく九州の地侍に追い払われてしまったし、大航海時代のスペインも、戦国大名に比べればあまりに軍事的に劣勢で、城一つ設けられませんでした。中国や朝鮮に至っては、文字記録が残る時代になって以降、倭寇討伐に対馬に来たのを除いて一度も軍隊を送って来ていないのです。

日本から仕掛けて占領されたのが第二次大戦でしたが、これは「群島にある単一言語国家」という地政学的メリットをわきまえずに、半世紀ほど帝国主義の真似をして大陸を侵略した結果の、日本人の歴史上最大の失敗だったと思われます。戦後には軍事ではなく欧米アジアを結ぶ海上通商に徹することで、逆に空前に繁栄しますが、これこそ地政学的位置を最大限に活かした妥当な道だったのです。

そういう構造を踏まえずに、中国にとって日本がさも重大な位置にあるように騒ぐのは、内田樹氏が指摘した「日本の辺境性」のなせる業ではないでしょうか。辺境国・日本の中にこもって、日本語しか話さず、行ったこともない他の世界のあり方を勝手に解釈するのは、地政学ではありません。

戦争が得ではなくなった二十一世紀

ところで地政学が発達したのは、一九世紀後半からようやくランドパワーとして台頭したドイツ帝国でした。ですから、地政学は国家間の戦争を論じる学問のように思われやすいのです。しかし今では、軍事力よりも経済力（金力）、技術力、文化力、人口圧力、宗教などのソフトパワーの方が、よほど重要な地政学上の要素になっています。他国に進出するのに、国として一丸になって軍事力を行使するなどというのは下の下で、個人や企業としてお金を投資し利益を回収した方が、よほどハイパフォーマンスです。ですから、二十一世紀のこの世界で論じられるべき地政学は、軍事（ハードパワー）以上に、「ソフトパワーの地政学」であるべきなのです。

ところで、ハードパワーは国家（まれにISなどの強固なテロリスト団体）が行使するものですが、ソフトパワーの行使者は企業であり資産家であり芸術家であり、またソフトコンテンツを受容する個人個人でもあります。ですからソフトパワーの国際経済競争において、国はしょせん脇役であり、徴税されたくない側から言えば邪魔者ですらあります。だからこそ多国籍企業は、国に守ってもらうどころか、国の目を盗んで独自の蓄財をすることばかりに注力しているのです。いまどき国を頼みにし国威発揚に喝采を送るのは、どこの国でも、そうした国際的なマネーフローから疎外された庶民だけです。

うっかりパワーポリティックスの理論なんかを勉強すると、すべての国が軍事的覇権を目指すというような前提でものごとを考えがちになりますが、それは一〇〇年前の話。ドバイやシンガポールやルクセンブルクやスイスのように、ハードパワーとは無縁でも、ソフトパワーの中核である金力を握っている小国が強いというのが、二十一世紀の現実です。「それは許せん」と誰かがルクセンブルクを占領したとしても、その際にはデジタル符号に過ぎないお金はさっと逃げ出してしまうだけで、占領者の手に入るわけではありません。

そもそも戦争が行われていたのは、人類の長い歴史の中ではごく短い時期にすぎない、農業社会の間だけでした。その当時だけは、戦争をしかけて他人の農地や収穫物を奪うことが得だったわけですが、今そんなことをしてもスマホ一つ買えません。そもそも農地も農産物も、工業社会になって以降、著しく価値を下げているのです。世界の大農業国である米国や豪州でも、農民は人口の数%もいません。ではスマホ工場を占領すると良いかと言えば、現代のハイテク工場は占領しても動かせない。そんなことをするより、さっさとスマホメーカーを買収するのが早道です。

「いやそんなことはない。産業革命で工業社会になったことで、欧米による世界植民地化が進行し、ついに二度の世界大戦まで起きてしまったではないか」という人がいそうですが、それは人類史上の気の迷いのようなものでした。農業社会の思考構造が染みついたまま近代兵器を手にしてしまった人類が、ついつい頭を切り替えられず、何の必要もない侵略や殺戮を行ってしまっただけなのです。

実際問題、植民地経営は、無駄なコストとリスクを抱えるだけで何の得にもならないものでした。だから今では、皆が持つのを止めたのです。アメリカは帝国主義時代に併合したハワイを今でも保持しているではないかと言われそうですが、ハワイの住民はアメリカ人として融合しており、オバマのように当地出身の大統領まで出ました。逆にプエルトリコは、アメリカの正規の州にしてもらえずに、ハリケーン災害の復興支援もろくろく受けられず、放置されています。トランプ政権にしてみれば、地政学上の要地ではないプエルトリコは、金のかかるだけの無用の地なのです。

英国もフォークランド紛争で、何の要地でもない島を守るために血を流してアルゼンチンを撃退したではないか、と言われそうですが、これも元々が無人島で、住民は全員英国系だったから守らざるを得なかったのです。世界中に英国領の島を持っている関係上、「蟻の穴から堤も崩れる」ような事態は起こしてはいけない、という事情もあったでしょう。アルゼンチンはアルゼンチンで、南極条約に加盟せずにその一部を自国領だと主張している国ですから（アルゼンチンにすれば、「自分の目と鼻の先にある南極を、地理的に離れた国々が勝手に世界の共有財産と決めやがって」ということになりますが）、当時の軍事政権がフォークランドで成功していれば、南極でも一悶着起こしたかもしれません。

二度の大戦も、震源地・欧州の力を弱めただけだったので、その後は同じことは起きていません。特に戦後の工業社会で得をしたのが、第二次大戦の敗者でもあった日本とドイツであるというのは、皮肉ですが誰の目にも明らかな事実です。

その第二次大戦には、化石燃料の奪い合いという性格と、交通の要衝の奪い合いという性格がありました。ですがその敗者がなぜ戦後栄えたのかといえば、化石燃料については、産地を占領するよりも買ったほうが安いし早くなったからですし、交通の要衝についても単に仲良くして使わせてもらう方が簡単になったからです。資源や港を持っていることではなく、資源を加工し貿易する工業力のあることが、二十世紀後半には決定的に重要になりました。さらに二十一世紀には、工業国以上に、投資を集め消費を喚起できる国が有利になってきていています。ちなみに化石燃料の埋蔵量が世界で二番目に多いベネズエラは、今や南米で最も貧しい国ですし、中東で一番投資と消費を集めているドバイ首長国は、石油が一滴も出ないうえに何の工場も研究所もない場所です。

「そんなことはない、第三次世界大戦が起きなかったのは、『核の傘』が効いたからだ」という人もおられましょう。ですがそれは、どの程度まで普遍的な話でしょうか。

たとえば東南アジアからオーストラリアにかけてでは、人種も宗教も歴史も複雑であるにもかかわらず、二十一世紀に入ってますます、「少なくともお互いの間での戦争はやめよう」というコンセンサスが強まっています。ですがこれは米国の「核の傘」の効果なのでしょうか。

日本と韓国もお互いを仮想敵にしていませんが、仮に米中露と北朝鮮という周辺の核保有国がすべていなくなったら、戦争を始めると思いますか？　しないでしょう。戦争するメリットがないからです。

パキスタンとインドは、核を持ってにらみ合うことで繁栄したのでしょうか？　逆に南アフリカは核開発を放棄しましたが、ヘタに核を持ってタンザニアだのザンビアだのが対抗する状況を作る方が危ないと気付いたからでしょう。この選択は間違っていたでしょうか？　核を保有するというイスラエルや北朝鮮の決断は、長期的に見て彼らの延命に役立つと思いますか、それともリスクを増やしているだけでしょうか？　そして何よりも、ラテンアメリカ諸国の間で半世紀以上戦争がないのは、どこの国の「核の傘」が効いたのでしょうか。

「核の傘」論とは、米国が原爆を落とした原罪を正当化をするために無理に作っている議論、現実主義的な考え方の対極にあるイデオロギーだという面が多分にあります。それにかぶれるのは、北半球のいわゆる先進地域しか見ていない人なのではないでしょうか。地球全体を俯瞰し、過去の歴史と今の地理を虚心坦懐に学べば、先入観で凝り固まった世界観がどんどん溶けて行きます。

以上、世界大戦も起きなくなり、植民地も解体されたという話をしてきましたが、でも紛争は続いています。中東やアフリカには、戦乱の止まない地域が多々あります。ロシアは一度獲った領土は寸土も返しそうにありませんし、北朝鮮も吠え狂っている。私は、中国が沖縄を侵略することを本気で心配している若手経営者に会って驚愕したことがあるのですが（米軍が沖縄返還の際にわざとグレーゾーンとして扱った無人島の尖閣と、米軍基地のある沖縄本島を混同するというのは、地政学的にはあまりにど素人の発想です）、農業社会の頭のままに二十一世紀を生きている多くの人にとっては、「今ほど日本がピンチな時代はない」くらいに感じられているのかもしれません。

ですが、戦争が得ではなくなった今の時代に戦争をするのは、経済的な損得では行動しない人たちだけです。これにも三種類あって、①宗教的狂熱で動く人と、②多民族混淆の場所において、自民族以外の暴力的な追い出し（いわゆる民族浄化）を目指す民族主義者と、③自己の権力の維持強化のために経済的な損も辞さずに紛争を仕掛ける権力者がいます。

イスラム教やユダヤ教の原理主義者は①ですが、幸いにも彼らは日本の周囲にはいません。二十一世紀前半の世界を揺るがす大きな不安定要因である宗教的原理主義から遠い位置にあることこそ、日韓台やラテンアメリカの、他の追随を許さない地政学的優位なのです。②は二十一世紀の世界をゆるがす低奏通音で、本文でもコーカサス三国ではかなり紹介しましたし、これからもいろいろ書いていきますが、日本はこの問題から比較的遠い世界の例外です。

北朝鮮の金正恩に脅されている日本では、③が一番身近な話題ですね。ですが本当は、二十年前にノドンミサイルが完成して全国が射程に入った時点から、日本が受けている脅威のレベルは変わっていません。核爆弾が怖いという人もいるでしょうが、通常の爆弾もじゅうぶん怖いですし、原発だって狙えます。今になって騒いでいるのは、地政学的視点が足りないことの証明ではないでしょうか。

ただし幸いというのか何というのか、日本には現在世界最強の米軍の重要拠点が多数あるので、北朝鮮のハードパワーにハードパワーで対抗するのには、現状以上の状況は求めようがありません。もし日本に憲法九条がなく、米軍がおらず自主軍備で北朝鮮に対抗しなければならなかったとしたら、いろいろ大騒ぎになっていたことでしょう。しかもこの問題は①や②には絡んでいないので、無理に無理を重ねている金体制が倒れてさえくれれば、後腐れは少ないことが期待されます。逆にアルカイダやISなどは①と②に根差した勢力なので、打倒されても同じような集団が再登場する構造になっています。

欧州ではロシアのプーチンが警戒されています。スウェーデンなどは徴兵制の復活までやっているらしいのですが、しかしロシアは自暴自棄な北朝鮮とは違って、計算して彼らなりに合理的に行動しています。プーチン政権は権威主義的ですが、選挙で圧倒的多数の信任を得て選ばれているので、国内での人気をさらに固めるために、②の問題にからめて限定的に軍事行動を起こしているのです。

クリミア半島の併合や、ロシア人（ロシア語話者）が多数を占める東ウクライナへの侵攻は、軍事的に国境の変更を行ったわけですかられっきとした侵略行為ですが、ウクライナ政府のウクライナ人優先政策への現地住民の反発を受けたものだったので、ロシアの有権者の喝采を得ました。ロシア連邦を頼って来る各種の民族（クリミア・タタール人、本文でも紹介したジョージアのオセット人、アブハジア人など）や、ソ連時代に移住した周辺国のロシア人（ロシア語話者）の守護者として振る舞っていることも、彼の権力基盤を強めています。

ちなみに同じくソ連から独立したカザフスタンには、虎の子のバイコヌール宇宙基地もありますし（ロシアが租借中）、地下資源も豊富ですし、ロシア語話者も多数住んでいますが、カザフスタン政府はロシアと友好を保ちロシア系住民も弾圧していないので、ロシアはそちらには軍事介入しません。

日本人の中にも、北朝鮮やロシアに対抗できる自主軍備が欲しいという人はいるのでしょう。ですが、繰り返しになりますが、軍備も戦争も経済的には損なのです。背伸びして損なことをしているために、北朝鮮経済はもちろん無茶苦茶ですが、ロシアの経済力も一向に欧米に追いつきません。しかもそこまでして国内権力を維持強化しても、たとえば金正恩は外国には行けません。兄の正男がやっていたようにマカオのカジノで遊ぶなんて一生無理です。失うべき経済力がまったくないので、やけくそを起こして軍事ゲームをしているわけですが、経済競争に忙しい他国には相手にされないので、だんだん脅しがエスカレートしてしまった。

そんな北朝鮮への対処策は何かといえば、核の脅威の排除という一点で中国・ロシア・米国が裏で握り、体制に自壊を仕向けるのが当然に合理的です。何でもディール（取引）にする経済人大統領トランプは、意外とこの問題の処理に適任かもしれません。核さえ持たなければ中国やロシアが手を出してくることはなかったのに、金正恩体制はその点が理解できなかったゆえに自滅するのではないでしょうか。

このように地政学的な思考のできていない金正恩とは別次元なのがプーチンで、地政学を十二分にわきまえつつ権力を守り続けることでしょう。ですが彼と、ビル・ゲイツのように権力には無縁でも巨大な金力を持っているのと、本当に世界を動かせるのは、もはや後者なのではないでしょうか。

日本国内で、口先だけで排外主義的なことを語っている人は、いい身分です。ビル・ゲイツにはもちろんなれないし、腹を据えて権力者に徹するプーチンのような覚悟もない。ですが、すぐそこにあるコンビニで欲しい時間においしい酒とツマミを買って、テレビやネットをみて平和に暇をつぶせるのは、金力のあるビル・ゲイツでも、権力のあるプーチンでもなく、金力も権力もない日本の庶民なのです。

日本の「等身大の実力」

最後の最後に、中国の習近平体制はどうなのでしょうか。中国は孫子の兵法を生んだ超戦略的国家であるうえ、自国内のネット世論は人海戦術で制御しておいて、他国のネット世論は裏で手を回して煽りまくり、ということができる国です。ですが日本人や朝鮮人とは違って、政治が感情に流されることはありません。常に損得で動いているうえ、ロシアと違って二十一世紀の貿易体制の中の勝者でもあります。

ちなみに日本は、二〇一六年にはその中国（＋香港）から三兆円の経常収支黒字を稼いだ、勝者の上に立つ勝者ですが、そういう数字を確認せずに勝手に負けた気になって虚勢を張る人が多いのは、常に事実を調べず計算もせず、内にこもって感情に流される国民性の、面目躍如たるものがあります。それでもいいのです。自覚があろうとなかろうと、日本は中国や米国から空前の黒字を稼ぎ続けているのですから。

それはともかく中国人はもはやエコノミックアニマルむき出しですから、今の経済的繁栄を犠牲にしてまで戦争をするような政府を歓迎することはありえません。チベット侵攻もベトナム侵攻も、皆が人民服を着て自転車に乗っていた毛沢東の時代の話です。今の中国政府高官は習近平以下、米国に不動産を持ち子弟を留学させているような人ばかりですから、何よりも米国から経済制裁を受けるようなことは避けたいでしょう。そんな中国が米軍基地のある沖縄本島に侵攻すると言っている人は、中国人にとって沖縄の方が、彼らが米国内に持つに至った製品市場や不動産や金融資産よりも重要であると言っているわけで、これは中国人が聞いてあきれる「夜郎自大」といえます。

とはいえ中国国内での権力闘争は熾烈ですから、習近平にとっても、軍事的な国威発揚で国民の人気を得ることは重要です。ですが国内で①や②の人たちを煽ることは、寝た子を起こすだけです。そこで昔から周辺国との係争地である無人島や岩礁に手を出し始めました。やっていることはヤクザまがいですが、いわば周囲の人家から離れた空き家に乗り込んで勝手に気勢を上げているだけなので、けしからんとは思われてもなかなか経済制裁を受けるまでは至らない。国威発揚目的に徹する絶妙なやり方です。そういう火遊びはもちろん汚い話ですし、懸念すべきことではあるのですが、自国内の右翼の国威発揚気分に乗っかって支持を伸ばしているのは、いまや世界の権力者のほとんどに共通の現象なので、習近平ばかりを批判するわけにもいきません。

火遊びばかりに目を向けず、むしろ中国の二十一世紀型の覇権主義の本体に気づかねばなりません。それは、経済力（よりストレートに言えば金力）というソフトパワーの行使です。その現在の主戦場が、東南アジア（インドシナ）、南アジア（インド以外）、中南部アフリカです。本文でもスリランカやミャンマーで触れたとおりですが、日本も尖閣問題なんかで騒いでいる暇があったら、途上国で経済的にどう中国の経済攻勢に対抗するかを正面から考えるべきなのではないでしょうか。

とはいえ同じレベルでお金をつぎ込んでも、勝機は薄くコストばかりかかるだけです。国際的慣行を無視した中国のやり方には、人権無視、環境破壊、自己都合絶対といったマイナス面が付きまといます。そこに「中国はやはり信用できない」と、現地の民心が日本を向いてくるタイミングが生まれるわけで、そういう呼吸をわきまえた効率的な対応こそ求められるものです。

ですがそもそも中国からすれば、「南米の先端からアフリカの果てにまで車を売りまくり、中国や韓国はもちろん、ドイツやシンガポールからも国際収支黒字を稼ぎまくっている日本こそ、中国よりはるかに先に経済的にのさばっているではないか」、と言いたいでしょうね。その通りです。しかも日本企業の真面目さ、誠実さが顧客に評価されてそうなっているわけで、つまり究極のソフトパワーであるブランドを構築できた結果であるわけで、政治や軍事でこれをひっくり返せるものではありません。

ハードパワー以上にソフトパワーの観察に重きを置く二十一世紀の地政学。それは、自覚なきまま巨大な経済力を保持し、さらには文化力まで搦め手から浸透させつつある日本の、等身大の実力を学び直すものでもあります。煽られず煽らず、無用なコンプレックスや空疎な優越感は排し、時代遅れのセオリーも一度忘れて、現場で知った現実から再構築して、日本はいまどうなっているのかという構造を把握していきたいものです。

読者各位のご支持をいただけるようであれば、その作業をこれからもネット上で続け、この本の続編も出していきたいと思っています。

アルゼンチン最南端・フエゴ島のウシュアイアにて

藻谷 浩介

●著者紹介
藻谷　浩介（もたに・こうすけ）
1964年山口県生まれ。平成大合併前の約3200市町村のすべて、海外90カ国を私費で訪問し、地域特性を多面的に把握する。2000年ごろから地域振興や人口問題に関して精力的に研究、執筆、講演を行う。『デフレの正体』『里山資本主義』『経済成長なき幸福国家論』（平田オリザ氏との共著）ほか著書多数。

世界《せかい》まちかど地政学《ちせいがく》
90カ国弾丸旅行記《かこくだんがんりょこうき》

印　刷　2018年2月15日
発　行　2018年2月28日
著　者　藻谷浩介《もたにこうすけ》
発行人　黒川昭良
発行所　毎日新聞出版
〒102-0074
東京都千代田区九段南1-6-17　千代田会館5階
営業本部：03（6265）6941
図書第二編集部：03（6265）6746
印刷・製本　図書印刷

ISBN978-4-620-32499-9